# 新时代马克思主义

## 大众化基本问题研究

彭俊桦  庞乃燕  著

光明日报出版社

图书在版编目（CIP）数据

新时代马克思主义大众化基本问题研究 / 彭俊桦，
庞乃燕著 . -- 北京：光明日报出版社，2023.4
ISBN 978 - 7 - 5194 - 7211 - 5

Ⅰ.①新… Ⅱ.①彭… ②庞… Ⅲ.①马克思主义—
大众化—研究—中国 Ⅳ.①D61

中国国家版本馆 CIP 数据核字（2023）第 086414 号

新时代马克思主义大众化基本问题研究
XINSHIDAI MAKESI ZHUYI DAZHONGHUA JIBEN WENTI YANJIU

著　　者：彭俊桦　庞乃燕

责任编辑：杨　茹　　　　　　　责任校对：杨　娜　李小蒙
封面设计：悟阅文化　　　　　　责任印制：曹　净

出版发行：光明日报出版社
地　　址：北京市西城区永安路 106 号，100050
电　　话：010-63169890（咨询），010-63131930（邮购）
传　　真：010-63131930
网　　址：http：//book. gmw. cn
E - mail：gmrbcbs@ gmw. cn
法律顾问：北京市兰台律师事务所龚柳方律师

印　　刷：三河市华东印刷有限公司
装　　订：三河市华东印刷有限公司
本书如有破损、缺页、装订错误，请与本社联系调换，电话：010-63131930

开　　本：170mm×240mm
字　　数：216 千字　　　　　　印　　张：11
版　　次：2024 年 1 月第 1 版　印　　次：2024 年 1 月第 1 次印刷
书　　号：ISBN 978 - 7 - 5194 - 7211 - 5
定　　价：68.00 元

# 内容摘要

本书系统探讨了新时代马克思主义大众化的重要理论和实践问题，尝试从理论上丰富马克思主义大众化的基础理论研究，在实践上用中国化时代化的马克思主义最新理论成果武装人们的头脑，不断推进新时代马克思主义大众化落细、落小、落实。全书紧密结合习近平总书记的经典著作和重要讲话，一方面阐明了新时代马克思主义大众化的理论渊源和现实境遇；另一方面围绕目标任务、重要遵循、方式方法、主要抓手和推进策略等内容，系统梳理了新时代马克思主义大众化的基本理论和实践问题。本书除绪论外，共分为七个部分内容：

绪论依次阐明了研究缘起、研究意义、研究综述、基本概念及研究思路、研究方法和创新点，总结了学界关于马克思主义大众化基础理论研究和"习近平关于马克思主义大众化相关论述"研究等方面的成果。说明了本研究以唯物辩证法为指导，主要采用文献研究法、矛盾分析法、历史分析法、比较分析法等研究方法。

第一部分，"新时代马克思主义大众化的理论渊源"。这部分主要从以下两方面开展论述：一方面，马克思、恩格斯、列宁的思想理论教育思想，是新时代马克思主义大众化研究的深厚理论根基；另一方面，毛泽东、邓小平、江泽民、胡锦涛以及习近平关于马克思主义大众化的相关论述，则是新时代马克思主义大众化基本问题研究的直接理论依据。

第二部分，"新时代马克思主义大众化的现实境遇"。这部分主要阐明新时代马克思主义大众化面临难得的机遇和复杂的挑战。党的十八大以来，坚持马克思主义在意识形态领域指导地位的根本制度，意识形态领域形势发生全局性、根本性转变，这是新时代马克思主义大众化面临的主要机遇。面临的挑战包括：境内外敌对势力对我国实施西化、分化战略；世界范围内各种思潮交流交融交锋；发展不平衡不充分问题仍然突出；铲除腐败滋生土壤任务仍然艰巨。新时代马克思主义大众化面临着不同以往的新环境和新任务，而在不断解决新问题的过程中，也将为马克思主义大众化的理论创新提供强大动力和广阔空间。

第三部分，"新时代马克思主义大众化的目标任务"。新时代马克思主义大众化的目标任务规定了马克思主义大众化的基本内容，反映了马克思主义大众化的基本方向和要求，因而明确目标任务是顺利推进马克思主义大众化工作并取得预期实效的基本前提。这部分依次详细说明新时代马克思主义大众化的目标任务是：用马克思主义理论武装全党和教育人民群众，不断增强马克思主义理论自信；在全社会树立远大理想和坚定共同理想；不断提高解决我国改革发展基本问题的本领。

第四部分，"新时代马克思主义大众化的重要遵循"。目标和任务为新时代马克思主义大众化指明方向，而了解新时代马克思主义大众化的基本遵循则有利于将其目标和任务进一步具体化，以更好地将马克思主义大众化落到实处。具体而言，新时代马克思主义大众化的基本遵循在于：做到坚持以人为本，尊重人民主体地位，关注人民利益诉求，促进人们自由全面发展；坚持推进马克思主义话语体系转换，用符合人民群众特点的简单而质朴的语言把马克思主义理论讲清楚、说明白，从而使人们更好地理解、接受和运用马克思主义；坚持联系实际，了解马克思主义大众化工作对象的特征，找准人民群众的思想共鸣点和他们利益的交汇点，不断提高马克思主义大众化的针对性和有效性。此外，还要通过坚持改进创新不断推进马克思主义大众化。

第五部分，"新时代马克思主义大众化的方式方法"。新时代马克思主义大众化主要目标的实现和任务的完成，需要借助一定的科学方式和方法。马克思主义大众化过程，包括帮助人民大众学习和领会马克思主义、促进他们在情感上认同马克思主义以及引导他们用马克思主义指导自身实践等诸多环节。根据马克思主义大众化的相关研究成果，尤其是党的十八大以来习近平关于马克思主义大众化的相关论述，可以把马克思主义大众化的方式方法概括为：理论教育与价值引导相统一；正面宣传与澄清谬误相统一；示范引领与自觉实践相统一。

第六部分，"新时代马克思主义大众化的主要抓手"。本部分以"主要抓手"为标题，旨在强调：马克思主义大众化不能停留在理论研究阶段，我们还应当着眼于十八大以来习近平总书记治国理政的重要方略，梳理和总结新时代党中央推进马克思主义大众化的关键领域。概括而言，当前推进马克思主义大众化的主要抓手为：切实加强党的新闻舆论工作，为马克思主义大众化创造良好舆论环境；大力弘扬社会主义核心价值观，为马克思主义大众化提供重要精神支撑；着力解决群众关心的现实问题，为马克思主义大众化夯实群众基础。

第七部分，"新时代马克思主义大众化的推进策略"。本研究的最终落脚点是指导当前马克思主义大众化工作实际，所以，广大马克思主义大众化工作队伍不仅要从理论层面了解推进工作的目标、内容、重点，而且要深入总结马克思主义大众化工作的主要特点和基本经验，不断将新时代马克思主义大众化工作落细、落小、落实。概而言之，新时代马克思主义大众化的推进策略在于：掌握科学理论是马克思主义大众化的前提，坚持为人民担当是马克思主义大众化的基础，而遵循传播规律是提升马克思主义大众化有效性的关键。

# 目录

## CONTENTS

# 绪　论

## （一）研究缘起

习近平总书记在纪念马克思诞辰 200 周年大会上的讲话中指出："马克思主义不是书斋里的学问，而是为了改变人民历史命运而创立的，是在人民求解放的实践中形成的，也是在人民求解放的实践中丰富和发展的，为人民认识世界、改造世界提供了强大精神力量。"[①] 正因为我们没有把马克思主义当作一成不变的教条和教义，而是把它看作不断创新发展的科学理论，所以才能够把它转化为巨大的物质力量，使我们党带领全国人民夺取新民主主义革命的伟大胜利，完成社会主义革命和推进社会主义建设，继而进行改革开放和社会主义现代化建设，并成功开创中国特色社会主义新时代。中国共产党百年奋斗史表明："同实际结合，同群众结合，是中国共产党运用马克思主义解决中国问题具有的特点和优点。"[②]

党的十八大以来，以习近平同志为核心的党中央紧紧围绕"两个一百年"奋斗目标，持续将党的创新理论同实际结合、同群众结合，在宣传、普及马克思主义科学理论的过程中取得了重要成绩。一方面，在理论宣传上，新时代

①习近平.在纪念马克思诞辰 200 周年大会上的讲话 [M].北京:人民出版社,2018:9.

②中共中央宣传部.中国共产党的历史使命与行动价值[N].人民日报,2021-08-27（03）.

党的创新理论深入人心。全国各地掀起学习贯彻习近平新时代中国特色社会主义思想的热潮，领导干部带头学习马克思主义经典著作，各地纷纷开展普及马克思主义理论的讲座、报告，"社会主义核心价值观""中国梦""四个全面""五大理念""高质量发展""全过程人民民主""人类命运共同体""全人类共同价值""党的自我革命"等日益成为群众耳熟能详的热词。而宣传部门则相继推出《全面小康热点面对面》《改革热点面对面》《法治热点面对面》《中国制度面对面》《新征程面对面》《百年大党面对面》等大众化读本，以通俗易懂的语言向广大人民群众介绍党的最新理论成果，并使之成为指导人民认识世界和改造世界的强大思想武器。另一方面，在价值引导上，社会主义核心价值观广泛传播。立足于经过创造性转化和创新性发展的中华优秀传统文化，综合运用传统媒体和新兴媒体，向社会各领域传播和弘扬社会主义核心价值观，将"三个倡导"的基本要求扎根在广大人民群众心中。正如习近平总书记所说："这几年，我国文化建设在正本清源、守正创新中取得历史性成就、发生历史性变革，为新时代坚持和发展中国特色社会主义、开创党和国家事业全新局面提供了强大正能量。"①总结新时代马克思主义大众化的成功做法和基本经验，可以为我们进一步激发党的创新理论的强大精神力量提供重要基础。

### 1. 为新时代党的宣传工作提供理论借鉴

自 2007 年党的十七大正式提出"推动当代中国马克思主义大众化"命题以来，理论界对马克思主义大众化进行了系统研究。一方面，学者们深入探讨了马克思主义大众化的目标、内涵、原则、方法、机制等基本理论和实践问题；另一方面，一些学者深入研究了毛泽东、邓小平等的马克思主义大众化思想，还有一些学者集中研究和总结了特定时期中国共产党的马克思主义大众化工作，为当前党的理论宣传工作提供了重要理论支撑和经验借鉴。可见，在关于马克思主义大众化基础理论研究上，学界取得了较为丰富的成果。与此同时，实践永无止境，理论研究也永无止境。习近平在哲学社会科学工作

---

① 习近平. 在教育文化卫生体育领域专家代表座谈会上的讲话 [M]. 北京: 人民出版社，2020: 5.

座谈会上强调："我国哲学社会科学的一项重要任务就是继续推进马克思主义中国化、时代化、大众化，继续发展 21 世纪马克思主义、当代中国马克思主义。"①因而，在进行具有许多新的历史特点的伟大斗争过程中，我们应当进一步结合新时代新征程的现实境遇，不断丰富马克思主义大众化基础理论研究，为党的理论宣传工作提供新的理论借鉴。

党的十九大报告指出："必须推进马克思主义中国化时代化大众化，建设具有强大凝聚力和引领力的社会主义意识形态，使全体人民在理想信念、价值理念、道德观念上紧紧团结在一起。"②党的二十大进一步强调："健全用党的创新理论武装全党、教育人民、指导实践工作体系。深入实施马克思主义理论研究和建设工程，加快构建中国特色哲学社会科学学科体系、学术体系、话语体系，培育壮大哲学社会科学人才队伍。"③新时代新征程，在全党全国各族人民为全面建设社会主义现代化国家、全面推进中华民族伟大复兴的关键时期，研究和阐释马克思主义大众化的基本理论和实践问题，有助于我们进一步推动马克思主义话语体系转换，提升马克思主义宣传和普及工作的有效性，进而引导广大党员和人民群众更好掌握马克思主义这一强大的思想武器。

## 2. 用党的创新理论武装全党和教育人民

当前，我国既面对世界范围内多样价值观相互较量的新态势，又面对国内思想意识多元多样多变的新特点。针对当前我国意识形态领域的挑战，党的十八大指出，要牢牢掌握意识形态工作领导权和主导权，坚持正确导向，提高引导能力，壮大主流思想舆论。党的十九大报告强调："要加强理论武装，推

---

①习近平.在哲学社会科学工作座谈会上的讲话 [N].人民日报，2016-05-19.

②习近平.决胜全面建成小康社会　夺取新时代中国特色社会主义伟大胜利：在中国共产党第十九次全国代表大会上的报告 [M].北京：人民出版社，2017：41.

③习近平.高举中国特色社会主义伟大旗帜　为全面建设社会主义现代化国家而团结奋斗：在中国共产党第二十次全国代表大会上的报告 [M].北京：人民出版社，2022：43-44.

动新时代中国特色社会主义思想深入人心。"①党的二十大报告进一步要求："健全用党的创新理论武装全党、教育人民、指导实践工作体系。"②而壮大主流思想舆论，关键之处在于用科学理论武装全党和教育人民。习近平新时代中国特色社会主义思想，既是对马克思列宁主义、毛泽东思想、中国特色社会主义理论体系的科学传承，又是对新形势下党和国家事业发展新的伟大实践的科学总结，它进一步深化了对党的执政规律、社会主义建设规律、人类社会发展规律等根本问题的认识，把马克思主义提升到一个新的境界。研究新时代马克思主义大众化的基本问题，可以与时俱进增强马克思主义理论的说服力和感召力，从而帮助广大党员和人民群众认识和领会马克思主义的基本立场、基本观点和基本方法，不断以科学理论武装自己的头脑。理论武装头脑只是马克思主义大众化的第一步，列宁（Lenin）曾指出："离开工作，离开斗争，那么从共产主义小册子和著作中得来的关于共产主义的书本知识，可以说是一文不值。"③列宁的话表明，只有不仅掌握了科学理论，而且能运用马克思主义理论去解决实际问题，才可以真正把马克思主义落到实处。习近平也强调："实践的观点、生活的观点是马克思主义认识论的基本观点，实践性是马克思主义理论区别于其他理论的显著特征。"④系统研究和阐明新时代马克思主义大众化的目标任务、基本遵循、方式方法、主要抓手、推进策略等基本问题，重要目的就是推进马克思主义大众化工作落细落实，从而更好地推动党的创新理论转化为广大党员和人民群众的行动指南。

---

①习近平.决胜全面建成小康社会　夺取新时代中国特色社会主义伟大胜利：在中国共产党第十九次全国代表大会上的报告 [M].北京：人民出版社，2017：41.

②习近平.高举中国特色社会主义伟大旗帜　为全面建设社会主义现代化国家而团结奋斗：在中国共产党第二十次全国代表大会上的报告 [M].北京：人民出版社，2022：43.

③中共中央马克思恩格斯列宁斯大林著作编译局编译.列宁专题文集：论无产阶级政党 [M].北京：人民出版社，2009：279.

④习近平.在纪念马克思诞辰200周年大会上的讲话 [M].北京：人民出版社，2018：9.

## （二）国内外研究现状

从国内来看，党的十八大以来，马克思主义大众化相关研究成果主要集中在两方面，一是马克思主义大众化基础理论研究，二是围绕"习近平关于马克思主义大众化重要论述"的研究。从国外来看，目前主要有关于习近平总书记个人经历及其治国理政思想的一些专著。以上成果为本研究提供了重要理论依据和一定的理论借鉴。

### 1. 国内研究现状

#### （1）马克思主义大众化基础理论研究

自党的十七大提出"推动当代中国马克思主义大众化"命题以来，学界对马克思主义大众化相关问题进行了深入研究，具体如下：

首先，在专著方面，高洪力、李秀芝主编的《马克思主义大众化的价值及实现方式研究》（2012）从价值和实现方式入手，梳理了马克思主义大众化的内涵和意义，重点阐述了当代中国马克思主义大众化的价值及功能，并探讨了当代中国马克思主义大众化的具体实现方式。该书将马克思主义大众化的含义概括为："通过将马克思主义理论通俗化，使马克思主义理论为广大人民群众所理解和掌握并能将其应用于实践。"[1]商志晓主编的《马克思主义大众化研究》（2013），对马克思主义大众化问题的提出、科学内涵、思想渊源以及马克思主义大众化的历史进程等进行了详细研究，并从实质、主体、客体和中介等方面，更为具体地把握马克思主义大众化的实践过程。侯波的《马克思主义大众化思想与规律性研究》（2011），主要从历史的宏观视角阐释了新民主主义革命时期、社会主义革命和建设时期以及改革开放以来，中国共产党人探索和推进马克思主义大众化的历史进程，并比较分析了党的三代中央领导集体马克思主义大众化思想，最后揭示了马克思主义大众化的发展规律和未来走向。周中之主编的《马克思主义大众化发微》（2013），详细论述了马克思主义大

---

[1] 高洪力，李秀芝，等主编. 马克思主义大众化的价值及实现方式研究 [M]. 北京：光明日报出版社，2012：7.

众化在中国的发展历史、内容、对象和队伍建设，并特别针对现代社会传媒的迅速发展，探讨了当代中国马克思主义大众化的话语问题和传播问题。中共广东省委宣传部编写的《马克思主义大众化一百年》（2021），全面回顾了马克思主义大众化的百年历史，详细阐述了每个历史阶段马克思主义大众化在中国的发展内涵、动因、普及形式和宣传方法。围绕马克思主义大众化这一主题展开研究的专著，还有王红梅著的《延安时期党的理论工作者与马克思主义大众化》（2023），以及罗昌勤所著的《新媒体生态下马克思主义大众化的话语传播研究》。

其次，在博士论文方面，王恒兵（2008）、曹根记（2010）、姜洁晶（2010）、阮东彪（2009）、杨宏庭（2007）、綦玉帅（2011）、赵震（2013）等人的博士论文从宏观的视角，较为系统地研究了马克思主义大众化的基本理论问题，或者是探索马克思主义大众化的历史经验和发展规律问题；易如（2009）、李春会（2011）、李栗燕（2011）、王希鹏（2011）等人从传播学、文化哲学以及对话平台等视角对马克思主义大众化进行了研究；王晓丽（2011）、赵欢春（2011）、李养民（2012）、郑自立（2011）等人探讨了高校马克思主义大众化的基本问题，而肖芳（2011）则对农村当代中国马克思主义大众化进行了研究。除此之外，还有博士学位论文从历史的角度，对"延安时期""新民主主义时期"的马克思主义大众化问题进行梳理，还有人就毛泽东、陈唯实等在马克思主义大众化进程中的贡献进行了研究。

最后，在期刊论文方面，学界主要从以下几个角度进行研究：第一，从历史的角度，探讨了不同时期马克思主义大众化的内容、特征、途径以及经验等；第二，从客体的角度，对马克思主义大众化的不同对象进行了研究，其中以高校大学生群体居多；第三，从不同学科或专业视角，例如传播学、接受学、心理学、文化学以及社会信息化等角度，对马克思主义大众化进行了探讨；第四，马克思主义大众化途径研究；第五，关于马克思主义大众化的研究综述。

（2）"习近平关于马克思主义大众化重要论述"研究

在文献和专著方面。首先是文献，2016 年，中共中央宣传部组织编写的《习近平总书记系列重要讲话读本（2016 年版）》再版，此读本"基于深入学习领会习近平总书记围绕治国理政提出的一系列新理念新思想新战略设计"①，它是较为权威的供人们学习贯彻习近平总书记系列重要讲话精神的辅助材料。其中的"用社会主义核心价值观凝心聚力""让老百姓过上好日子"等篇章体现了习近平关于马克思主义大众化的一些重要思想和方法。2023年4月，中共中央宣传部统一印发的《习近平新时代中国特色社会主义思想学习纲要（2023年版）》，对习近平新时代中国特色社会主义思想做了全面系统阐述，旨在引导全党全社会深入学习宣传党的创新理论，深刻领悟"两个确立"的决定性意义。其次是专著，周新民著《核心能力：读懂治国理政这三年》（2016）一书，此书运用领导者核心能力理论，详细解读了习近平总书记三年治国理政轨迹，总结了习近平具有"独树一帜的执政理念、坚定鲜明的执政风格、治国理政的显著成效、独具魅力的人格风范"②，并以此赢得了亿万民众的拥戴。

在期刊论文方面，杨瑞森（2015）研究习近平的语言风格和语言力量，指出习近平语言的主要特征在于求真务实，他不仅用群众喜闻乐见的语言感染人民群众，而且善于运用富于哲理而又通俗的语言去分析和说明问题，从而赢得人民群众的认同和喜爱。③田心铭（2013）围绕习近平"8·19讲话"精神，阐明了意识形态工作的极端重要性，并指出要在意识形态工作过程中坚持正面宣传与舆论斗争相统一，最后说明为什么意识形态工作的根本任务在于巩固马克思主义指导地位。④李向国（2016）进一步系统研究了习近平的意识形态观，他详细阐述了习近平关于意识形态的工作定位、工作任务、工作性质、工作方针、工作方法以及意识形态工作的领导要求等问题。⑤杨业华（2015）梳理了习近平关于青少年思想道德教育的思想，其中，青少年思想道德的教育目标是注重培育社会责任感，教育内容包括理想信念教育、传统文化教育、核心

①中共中央宣传部.习近平总书记系列重要讲话读本[M].北京：学习出版社，人民出版社，2016：4.

②周新民.核心能力：读懂治国理政这三年[M].北京：中共中央党校出版社，2016：2.

③杨瑞森.习近平语言力量的深刻意蕴[J].党的文献，2015（03）.

④田心铭.略论意识形态工作的几个问题：学习习近平总书记在全国宣传思想工作会议上的讲话精神[J].马克思主义研究，2013（11）.

⑤李向国.习近平意识形态观述论[J].理论导刊，2016（05）.

价值观教育和生态文明教育等，而实现路径在于实践育人和示范引领。①刘建军（2015）详细梳理了习近平关于理想信念的重要论述，主要内容包括关于理想信念的内容和标准、地位和作用、挑战与问题、建设与教育等。②郭广银（2014）研究了习近平关于人民主体地位的思想，指出习近平的相关论述"涵盖了始终把人民放在心中最高位置、坚持群众路线和群众观点以及努力实现共享人生精彩的中国梦等内容"③，这些论述体现了习近平真挚的为民情怀。

以上国内相关成果为本研究提供了重要依据。

### 2. 国外研究现状

国外方面，虽然目前还没有直接研究新时代马克思主义大众化相关问题的专著，但是，以下三本关于习近平总书记个人经历及其治国理政思想的著作，为本研究提供了一定借鉴。其一，美籍华人熊玠主编的《习近平时代》（2015）一书，该书于2015年在美国纽约出版，目前尚待译成中文在我国出版，不过，此书主体内容已于2016年3月28日—2016年7月11日陆续在《学习时报》上刊登。该书较为全面地记录了习近平的从政生涯，并对习近平治国理政的新理念进行了详细介绍，同时批驳了"中国威胁论""中国崩溃论"等错误论调。熊玠认为，习近平正在推动中国走向一个规模空前的改革进程，"与毛泽东、邓小平等其他领导人相似，习近平也正在以自己极具个性的执政风格剧烈地改变着中国"④。其二，俄罗斯学者尤里·塔夫罗夫斯基著《习近平：正圆中国梦》（2015）一书，该书作为欢迎习近平出席俄罗斯举行的世界反法西斯战争胜利70周年纪念活动的友好象征，于2015年在俄罗斯出版。此书自2016年1月18日开始，连续在《学习时报》上刊登。"该书围绕实现'中华民族伟大复兴中国梦'这条主线，介绍了习近平总书记的成长经历

①杨业华，符俊.十八大以来习近平的青少年思想道德教育思想探析[J].中南民族大学学报（人文社会科学版），2015（02）.

②刘建军.习近平理想信念论述的历史梳理与理论阐释[J].河海大学学报（哲学社会科学版），2015（03）.

③郭广银.习近平关于人民主体地位的思想[J].中共中央党校学报，2014（05）.

④熊玠.习近平时代[N].学习时报，2016-03-28.

和家庭环境、中国梦提出的时代背景和过程，高度评价了习近平总书记为实现中国梦提出的一系列重要新思想新理念新举措。"①其三，自 2016 年 9 月 5 日开始，《学习时报》连续刊登美国学者罗斯·特里尔的《习近平复兴中国：历史使命与大国战略》一书。"该书详细解析了习近平总书记为完成这一艰巨历史使命而展开的战略布局，深度分析了习近平总书记治国理政重大决策的出台背景、施政逻辑和执政风格及特点，对世界舆论关注的中国经济结构转型、执政党建设、中国军改、司法改革、反腐败斗争、生态重建、中国的全球治理方案等等，都进行了前瞻性分析和预判。"②这些著作可以帮助我们从国外视角加深了解习近平总书记的个人品格及其治国理政风格，而领导人的个人魅力对于全党推进新时代马克思主义大众化具有重要示范效应，因而相关国外著作对本研究有一定启发。

### （三）核心概念界定

概念是人脑对事物特性及其本质的反映，它是思维形式最基本的组成单位，同时是构成判断、推理的重要因素。因此，要深入进行新时代马克思主义大众化研究，首先要厘清"大众化"与"马克思主义大众化"的基本内涵。

#### 1. 大众化

关于什么是"大众化"，我们可以从毛泽东的相关论述中得到启发。首先，毛泽东认为，"大众"就是人民大众，它是"最广大的人民，占全人口百分之九十以上的人民，是工人、农民、兵士和城市小资产阶级"③。其次，对于什么是"大众化"，毛泽东明确指出，"就是我们的文艺工作者的思想感情

---

①尤里·塔夫罗夫斯基. 有极高才智有坚定信念的人：《习近平：正圆中国梦》导言[N]. 学习时报，2016-01-18.

②罗斯·特里尔. 新一轮"赶考"，历史关口风高浪急：《习近平复兴中国》连载[N]. 学习时报，2016-09-05.

③毛泽东. 毛泽东选集：第 3 卷 [M]. 北京：人民出版社，1991：855.

和工农兵大众的思想感情打成一片"①。这是因为，文化、理论工作者不能把自己看作高踞于群众头上的主人，"只有代表群众才能教育群众，只有做群众的学生才能做群众的先生"②。最后，至于为什么要推动马克思主义"大众化"，毛泽东在《整顿党的作风》一文中指出，"我们的同志必须懂得一条真理：共产党员和党外人员相比较，无论何时都是占少数"③，所以，要在党内和党外关系上消灭宗派主义的残余，"单是团结全党同志还不能战胜敌人，必须团结全国人民才能战胜敌人"④。由此可见，在毛泽东看来，所谓"大众化"，就是要以平等的眼光、真诚的态度、通俗的语言与人民大众进行开诚布公的交流，只有这样才能用马克思主义理论教育、武装和团结广大人民群众，进而形成战胜敌人的强大社会力量。在新的历史时期，推进马克思主义大众化，就要"站在大众立场、持有大众情怀、推崇大众力量、重视大众实践、维护大众利益、关怀大众未来"⑤，在此基础上用中国化时代化的马克思主义最新成果武装和团结广大人民群众，为实现中华民族伟大复兴、全面建设社会主义现代化国家凝心聚力。

## 2. 马克思主义大众化

要了解什么是马克思主义大众化，首先应当明确马克思主义的丰富内涵。一般而言，我们应当从创立主体、阶级属性和研究对象等方面揭示马克思主义的内涵。据此可以做出如下界定："马克思主义是由马克思、恩格斯创立并为后继者所不断发展的科学理论体系，是关于自然、社会和人类思维发展一般规律的学说，是关于社会主义必然代替资本主义、最终实现共产主义的学说，是关于无产阶级解放、全人类解放和每个人自由而全面发展的学说，是无产阶级

①毛泽东. 毛泽东选集：第 3 卷 [M]. 北京：人民出版社，1991：851.

②毛泽东. 毛泽东选集：第 3 卷 [M]. 北京：人民出版社，1991：864.

③毛泽东. 毛泽东选集：第 3 卷 [M]. 北京：人民出版社，1991：826.

④毛泽东. 毛泽东选集：第 3 卷 [M]. 北京：人民出版社，1991：825.

⑤商志晓. 马克思主义大众化研究 [M]. 济南：山东人民出版社，2013：4.

政党和社会主义国家的指导思想，是指引人民创造美好生活的行动指南。"①习近平总书记在哲学社会科学工作座谈会上强调，中国哲学社会科学应当以马克思主义为指导，这是它区别于其他哲学社会科学的根本标志，进而他从以下几方面阐明马克思主义的基本特性：坚持实现人民解放、维护人民利益的价值立场；揭示自然界、人类社会、人类思维发展的普遍规律；它是人们观察世界、分析问题的有力思想武器；它具有积极"改变世界"的鲜明的实践品格。②在纪念马克思诞辰200周年大会上，习近平总书记进一步把马克思主义归纳为科学的、人民的、实践的和不断发展的开放的理论。他还强调指出："马克思主义之所以具有跨越国度、跨越时代的影响力，就是因为它植根人民之中，指明了依靠人民推动历史前进的人间正道。"③正因为马克思主义具有这样优秀的思想品格，所以它对人类文明产生了空前广泛而巨大的影响。

习近平总书记在中央党校2009年秋季学期第二批进修班开学典礼上的讲话中曾指出，建设学习型政党的着力点之一就是要推进马克思主义中国化、时代化、大众化。他还进一步指出："马克思主义大众化，就是把马克思主义理论用简单质朴的语言讲清楚、用群众喜闻乐见的方式说明白，使之更好地为广大党员和人民大众所理解、所接受。"④习近平这个界定着重强调，推进马克思主义大众化，关键是要通过各种方式使人民群众认知、认同马克思主义理论。而在具体实践上，习近平对马克思主义大众化的认识超越了思想意识层面的理解，因为他正是不断实践马克思主义的榜样。早在20世纪90年代初，习近平在福建宁德工作期间，为了尽早使当地百姓脱贫致富，他就表明了对实际行动的重视："实践高于认识的地方正在于它是行动。从这个意义上说，我们不担心说错什么，只是担心'意识贫困'，没有更加大胆的改革开放的新意；

①《马克思主义基本原理概论》编写组.马克思主义基本原理概论[M].北京:高等教育出版社，2023：2.

②习近平.在哲学社会科学工作座谈会上的讲话[N].人民日报，2016-05-19.

③习近平.在纪念马克思诞辰200周年大会上的讲话[M].北京：人民出版社，2018：8.

④习近平.关于建设马克思主义学习型政党的几点学习体会和认识：在中央党校2009年秋季学期第二批进修班开学典礼上的讲话[N].学习时报，2009-11-16.

也不担心做错什么，只是担心'思路贫困'，没有更有力度的改革开放的举措。"①他推崇马克思的一句话——"一步实际行动比一打纲领更重要"，并且"不主张多提口号，提倡行动至上"②。自从担任总书记以来，习近平经常以"一分部署，九分落实"强调实践对于全面深化改革的重要性，而具体到思想道德领域，他则提倡"道不可坐论，德不能空谈"③，并勉励"广大青年要牢记'空谈误国、实干兴邦'，立足本职、埋头苦干，从自身做起，从点滴做起，用勤劳的双手、一流的业绩成就属于自己的人生精彩"④。由此可见，马克思主义大众化"就是要使马克思基本原理为广大人民群众所接受和掌握，并用以指导自己的实践，其本质就是理论联系实际的过程"⑤。它包含两个密切联系的基本环节：一是用马克思主义理论武装人民大众的头脑，二是人民大众自觉用他们内化了的马克思主义理论指导社会实践。也就是说，在马克思主义大众化过程中，应当把马克思主义理论宣传普及工作与引导人民大众自觉践行马克思主义这两个过程有机结合起来。

此外我们还应当明确，新时代新征程推进马克思主义大众化，关键是要推动全党全社会学习贯彻习近平新时代中国特色社会主义思想。党的十七大提出：开展中国特色社会主义理论体系宣传普及活动，推动当代中国马克思主义大众化。党的十八大进一步指出，推进马克思主义中国化时代化大众化，坚持不懈用中国特色社会主义理论体系武装全党、教育人民。而习近平总书记在2016年的七一讲话中强调："面对新的时代特点和实践要求，马克思主义也面临着进一步中国化、时代化、大众化的问题。马克思主义并没有结束真理，而是开辟了通向真理的道路。"⑥党的十九大强调："必须推进马克思主义中国化时代化大众化，建设具有强大凝聚力和引领力的社会主义意识形态，使全

---

①习近平.摆脱贫困[M].福州：福建人民出版社，1992：216.

②习近平.摆脱贫困[M].福州：福建人民出版社，1992：77.

③习近平.青年要自觉践行社会主义核心价值观：在北京大学师生座谈会上的讲话[N].人民日报，2014-05-05.

④习近平.在同各界优秀青年代表座谈时的讲话[N].人民日报，2013-05-05.

⑤商志晓.马克思主义大众化研究[M].济南：山东人民出版社，2013：57.

⑥习近平.在庆祝中国共产党成立95周年大会上的讲话[N].人民日报，2016-07-02.

体人民在理想信念、价值理念、道德观念上紧紧团结在一起。"①党的二十大进一步指出："健全用党的创新理论武装全党、教育人民、指导实践工作体系。"②由此可见，新时代的马克思主义大众化，重点是通过宣传普及习近平新时代中国特色社会主义思想，不断提高全党全社会的马克思主义理论水平，并自觉运用这一思想指导解决实际问题。

### （四）研究框架、研究方法和创新点

本书着眼于马克思主义大众化基础理论研究，较为系统地梳理了新时代马克思主义大众化基本理论和实践问题，并基于已有的研究成果，明确研究思路、研究方法以及创新点，具体如下：

#### 1. 研究的框架

本书由绪论和正文两大部分组成，正文分为七个方面内容。

绪论依次阐明了研究缘起、研究意义、研究综述、基本概念及研究思路、研究方法和创新点，总结了学界关于马克思主义大众化基础理论研究和"习近平关于马克思主义大众化相关论述"研究等方面的成果。说明了本研究以唯物辩证法为指导，主要采用文献研究法、矛盾分析法、历史分析法、比较分析法等研究方法。

第一部分，"新时代马克思主义大众化的理论渊源"。这部分主要从以下两方面开展论述：一方面，马克思、恩格斯、列宁的思想理论教育思想，是新时代马克思主义大众化研究的深厚理论根基；另一方面，毛泽东、邓小平、江泽民、胡锦涛以及习近平关于马克思主义大众化的相关论述，则是新时代马克思主义大众化基本问题研究的直接理论依据。

---

①习近平.决胜全面建成小康社会　夺取新时代中国特色社会主义伟大胜利：在中国共产党第十九次全国代表大会上的报告 [M]. 北京：人民出版社，2017：41.

②习近平.高举中国特色社会主义伟大旗帜　为全面建设社会主义现代化国家而团结奋斗：在中国共产党第二十次全国代表大会上的报告 [M]. 北京：人民出版社，2022：43-44.

第二部分，"新时代马克思主义大众化的现实境遇"。这部分主要阐明新时代马克思主义大众化面临难得的机遇和复杂的挑战。党的十八大以来，坚持马克思主义在意识形态领域指导地位的根本制度，意识形态领域形势发生全局性、根本性转变，这是新时代马克思主义大众化面临的主要机遇。面临的挑战包括：境内外敌对势力对我国实施西化、分化战略；世界范围内各种思潮交流交融交锋；发展不平衡不充分问题仍然突出；铲除腐败滋生土壤任务仍然艰巨。新时代马克思主义大众化面临着不同以往的新环境和新任务，而在不断解决新问题的过程中，也将为马克思主义大众化的理论创新提供强大动力和广阔空间。

第三部分，"新时代马克思主义大众化的目标任务"。新时代马克思主义大众化的目标任务规定了马克思主义大众化的基本内容，反映了马克思主义大众化的基本方向和要求，因而明确目标任务是顺利推进马克思主义大众化工作并取得预期实效的基本前提。这部分依次详细说明新时代马克思主义大众化的目标任务是：用马克思主义理论武装全党和教育人民群众，不断增强马克思主义理论自信；在全社会树立远大理想和坚定共同理想；不断提高解决我国改革发展基本问题的本领。

第四部分，"新时代马克思主义大众化的重要遵循"。目标和任务为新时代马克思主义大众化指明方向，而了解新时代马克思主义大众化的基本遵循则有利于将其目标和任务进一步具体化，以更好地将马克思主义大众化落到实处。具体而言，新时代马克思主义大众化的基本遵循在于：做到坚持以人为本，尊重人民主体地位，关注人民利益诉求，促进人们自由全面发展；坚持推进马克思主义话语体系转换，用符合人民群众特点的简单而质朴的语言把马克思主义理论讲清楚、说明白，从而使人们更好地理解、接受和运用马克思主义；坚持联系实际，了解马克思主义大众化工作对象的特征，找准人民群众的思想共鸣点和他们利益的交汇点，不断提高马克思主义大众化的针对性和有效性。此外，还要通过坚持改进创新不断推进马克思主义大众化。

第五部分，"新时代马克思主义大众化的方式方法"。新时代马克思主义大众化主要目标的实现和任务的完成，需要借助一定的科学方式和方法。马克思主义大众化过程，包括帮助人民大众学习和领会马克思主义、促进他们在情感上认同马克思主义以及引导他们用马克思主义指导自身实践等诸多环节。根据马克思主义大众化的相关研究成果，尤其是党的十八大以来习近平关于马克思主义大众化的相关论述，可以把马克思主义大众化的方式方法概括为：理论教育与价值引导相统一；正面宣传与澄清谬误相统一；示范引领与自觉实践相统一。

第六部分，"新时代马克思主义大众化的主要抓手"。本部分以"主要抓手"为标题，旨在强调：马克思主义大众化不能停留在理论研究阶段，我们还应当着眼于十八大以来习近平总书记治国理政的重要方略，梳理和总结新时代党中央推进马克思主义大众化的关键领域。概括而言，当前推进马克思主义大众化的主要抓手为：切实加强党的新闻舆论工作，为马克思主义大众化创造良好舆论环境；大力弘扬社会主义核心价值观，为马克思主义大众化提供重要精神支撑；着力解决群众关心的现实问题，为马克思主义大众化夯实群众基础。

第七部分，"新时代马克思主义大众化的推进策略"。本研究的最终落脚点是指导当前马克思主义大众化工作实际，所以，广大马克思主义大众化工作队伍不仅要从理论层面了解推进工作的目标、内容、重点，而且要深入总结马克思主义大众化工作的主要特点和基本经验，不断将新时代马克思主义大众化工作落细、落小、落实。概而言之，新时代马克思主义大众化的推进策略在于：掌握科学理论是马克思主义大众化的前提，坚持为人民担当是马克思主义大众化的基础，而遵循传播规律是提升马克思主义大众化有效性的关键。

## 2. 研究的方法

任何科学研究都必须借助一定的研究方法，才能更好地完成研究任务，实现研究目的。本研究以唯物辩证法为指导，主要运用文献研究法、矛盾分析法、历史分析法、比较分析法等开展研究。

### （1）文献研究法

文献研究法是指通过搜集、鉴别、整理等基本方式，对某一问题进行梳理和研究的方法。在研究某个人物的过程中，文献研究法尤其不可或缺。就本研究而言，习近平总书记的著作、谈话、信件等蕴含着马克思主义大众化的诸多思想、观点、方法，这是本研究的基本依据。从1992年至今，习近平总书记公开发表了以下著作：《摆脱贫困》（1992）；《之江新语》（2007）；《干在实处走在前列——推进浙江新发展的思考与实践》（2013）；《习近平谈治国理政》第一卷、第二卷、第三卷、第四卷（2014，2017，2020，2022）；《知之深　爱之切》（2015）；《做焦裕禄式的县委书记》（2015）；《习近平重要讲话单行本》（2020，2021，2022）；《习近平著作选读》第一卷、第二卷（2023）等。一方面，这些著作以马克思主义世界观和方法论为指导，深刻阐述了改革发展稳定、内政外交国防、治党治国治军等最新思想，体现了一系列原创性的治国理政新理念新思想新战略，逐渐形成了习近平新时代中国特色社会主义思想。另一方面，这些著作从不同侧面反映了习近平总书记关于推进马克思主义大众化的诸多观点和丰富多样的方式方法，这同样值得我们认真研读和梳理。

（2）矛盾分析法

习近平总书记非常重视辩证唯物主义方法论，他尤其强调要运用好矛盾分析法："面对复杂形势和繁重任务，首先要有全局观，对各种矛盾做到心中有数，同时又要优先解决主要矛盾和矛盾的主要方面，以此带动其他矛盾的解决。"[①]在分析和解决问题的时候，矛盾分析法是我们应当掌握的基本方法，它要求我们既要讲两点论，又要讲重点论，牵住研究对象和工作对象的"牛鼻子"。在本研究过程中，也体现了对这一基本方法的运用。例如，本研究提出，正面宣传与澄清谬误相统一，是马克思主义大众化的重要工作方法之一。一方面，习近平经常强调，要"牢牢坚持正确舆论导向，牢牢坚持正面宣传为主"；另一方面，也要"澄清谬误、明辨是非"，只有破、立结合，才能形成强大的传播合力，更加有效地宣传和普及马克思主义理论。这体现了两点论和重点论的有机统一。又如，在实际工作中推进马克思主义大众化，应当从全局出发，充分分析和掌握各种矛盾，与此同时，又要根据我们当前面临的实际情况，把握好推进马克思主义大众化的主要抓手——加强党的舆论工作、弘扬核心价值观、解决群众关心的现实问题，以此带动其他矛盾的解决。只有始终运用好矛盾分析法，才能确保研究的科学性。

（3）历史分析法

研究新时代马克思主义大众化基本理论和实践问题，应当以党的十八大以

①习近平在中共中央政治局第二十次集体学习时强调　坚持运用辩证唯物主义世界观方法论　提高解决我国改革发展基本问题本领 [N]. 人民日报，2015-01-25.

来习近平的著述和讲话为主要参考，然而，任何人的思想观念都会经历一个不断变化发展的过程，这要求我们也要重视挖掘党的十八大以前习近平的相关思想。所以，本研究运用历史分析法，力图揭示党的十八大前后习近平关于马克思主义大众化重要论述的承继性，在此基础上更好地总结和推进新时代马克思主义的思想观点和实践经验。例如，坚持为民担当，一直是习近平所秉持的根本价值取向。在福建省宁德市任职时，习近平致力于帮助当地群众摆脱贫困，从那时起，他牢牢记住这句古语："善为国者，遇民如父母之爱子，兄之爱弟，闻其饥寒为之哀，见其劳苦为之悲。"在浙江省担任省委书记时，他强调"群众利益无小事"，心无百姓莫为"官"，要把老百姓的每一件琐事都及时有效地解决好。党的十八大以来，习近平明确强调全面深化改革要站在人民立场上，担当起为人民服务的重任。又如，以身作则、廉洁自律一直是习近平所恪守的信条。习近平以焦裕禄为榜样，经常强调"当官就不要发财，发财就不要当官"。在担任浙江省委书记的时候，习近平就针对浙江民营经济比较发达的实际，要求党员干部在支持民营经济发展的同时，"同企业家打交道一定要掌握分寸，公私分明，君子之交淡如水"①；党的十八大以来，习近平继续强调要建立健康、良好的官商关系，杜绝官商"勾肩搭背"的现象。党的二十大报告强调："腐败是危害党的生命力和战斗力的最大毒瘤，反腐败是最彻底的自我革命。只要存在腐败问题产生的土壤和条件，反腐败斗争就一刻不能停，必须永远吹冲锋号。"②除此之外，在滴水穿石与钉钉子的实干精神上，以及对调查研究的重视、对中华优秀传统文化的重视等方面，都体现了习近平相关论述的承继性，这就要求我们运用历史分析法对其进行深入研究。

（4）比较分析法

本研究运用比较分析法，主要目的在于通过科学比较习近平与毛泽东、邓小平、江泽民、胡锦涛等国家领导人的马克思主义大众化重要论述，更好地揭示新时代推进马克思主义大众化的主要特征和现实启示，从而为当前马克思主义宣传和普及工作提供重要遵循。显而易见，我国革命、建设和改革等各个历

---

① 习近平.之江新语[M].杭州：浙江人民出版社，2007：38.

② 习近平.高举中国特色社会主义伟大旗帜　为全面建设社会主义现代化国家而团结奋斗：在中国共产党第二十次全国代表大会上的报告[M].北京：人民出版社，2022：69.

史时期，都具有不同的时代特征和基本任务，这决定了每个历史时期的马克思主义大众化具有不同的特征，由此也决定了不同时期领导人推进马克思主义大众化具有各自的特点。例如，杨全海把毛泽东推进马克思主义大众化的基本经验总结为：精通马克思主义理论，坚持以人为本的价值取向，坚持马克思主义中国化、时代化和大众化相统一。①陈运普把邓小平推进马克思主义大众化的特点归结为：其动力特点在于坚定的共产主义信念，学习特色是"学马列要精，要管用"，语言特色是通俗易懂，方法特色是按辩证法办事，实践特色在于"拿事实来说话"。②当前，我国处于经济全球化、政治多极化、社会信息化、文化多样化持续推进的时代，如何通过比较分析，一方面科学继承和借鉴毛泽东、邓小平等领导人的马克思主义大众化思想，另一方面根据世情、国情、党情的变化，科学总结新时代党中央推进马克思主义大众化的重要经验，不断创新和发展马克思主义大众化思想，这是本研究所要解决的基本问题。

### 3. 研究的创新点

持续推进马克思主义中国化时代化，继续推进实践基础上的理论创新，是当代中国共产党人的庄严历史责任。党的二十大报告指出："推进马克思主义中国化时代化是一个追求真理、揭示真理、笃行真理的过程。"③开展马克思主义大众化基础理论研究，是继续推进马克思主义中国化时代化的题中应有之义。本研究的创新点在于以下两方面。一方面，系统阐述了新时代马克思主义大众化基本理论问题。上文提及，当前学界围绕新时代理想信念教育、弘扬中华优秀传统文化、发展社会主义先进文化、加强意识形态建设、弘扬社会主义核心价值观、加强党的执政能力建设等内容进行了较为深入的研究，并取得了较为丰富的成果。相较而言，学界关于新时代马克思主义大众化基本问题的研究成果却相对不多。所以，本研究的主要创新点在于，围绕目标任务、基本遵循、方式方法、主要抓手等内容，较为系统地梳理了新时代马克思主义大众化

---

① 杨全海. 毛泽东与马克思主义大众化研究 [D]. 石家庄：河北师范大学，2011.

② 陈运普. 邓小平与马克思主义大众化 [M]. 北京：社会科学文献出版社，2011.

③ 习近平. 高举中国特色社会主义伟大旗帜 为全面建设社会主义现代化国家而团结奋斗：在中国共产党第二十次全国代表大会上的报告 [M]. 北京：人民出版社，2022：16.

的基本理论问题，希望能为马克思主义大众化理论研究添砖加瓦。另一方面，及时总结了新时代马克思主义大众化基本策略问题。"坚持以马克思主义为指导，最终要落实到怎么用上来。"①研究新时代马克思主义大众化基本问题，要把落脚点放在如何指导当前马克思主义大众化工作实际上。因而本研究另一方面的创新点在于，总结了新时代推进马克思主义大众化的主要策略——"掌握科学理论是前提，坚持为民担当是基础，遵循传播规律是关键"，旨在不断将新时代的马克思主义大众化工作落细、落小、落实。

①习近平.在哲学社会科学工作座谈会上的讲话[N].人民日报，2016-05-19.

# 一、新时代马克思主义大众化的理论渊源

新时代马克思主义大众化基本问题研究有其重要的理论渊源。一方面，马克思、恩格斯的理论宣传思想和列宁的"灌输"理论，是新时代马克思主义大众化研究的深厚理论根基；另一方面，毛泽东、邓小平、江泽民、胡锦涛和习近平的关于马克思主义大众化的相关论述，则是新时代马克思主义大众化基本问题研究的直接理论依据。

## （一）马克思、恩格斯的理论宣传思想

在摸索和创立科学理论的过程中，马克思和恩格斯也积极参与工人运动，他们注重用科学的理论教育和武装广大无产阶级的头脑，进而不断发挥科学理论影响和改造社会的重要作用。

### 1. 理论宣传的重要性

马克思（Marx）在《〈黑格尔法哲学批判〉导言》中阐明了革命理论应当与革命实践相统一的思想，他指出："批判的武器当然不能代替武器的批判，物质力量只能用物质力量来摧毁；但是理论一经掌握群众，也会变成物质力量。理论只要说服人［ad hominem］，就能掌握群众；而理论只要彻底，就能

说服人。所谓彻底，就是抓住事物的根本。"①进而马克思论述了无产阶级和哲学的关系："哲学把无产阶级当做自己的物质武器，同样，无产阶级也把哲学当做自己的精神武器；思想的闪电一旦彻底击中这块素朴的人民园地，德国人就会解放成为人。"②指出只有掌握好科学理论这一重要武器，无产阶级才能认识和承担起自身的历史使命。与马克思一样，恩格斯（Engels）也非常注重用科学理论教育和武装广大无产阶级。他在《德国农民战争》"1870年第二版序言的补充"中指出："如果工人没有理论感，那么这个科学社会主义就决不可能像现在这样深入他们的血肉。"③所以，进步思想家应当通过积极的组织和宣传活动进一步推动德国工人运动。恩格斯进一步强调："特别是领袖们有责任越来越透彻地理解种种理论问题，越来越彻底地摆脱那些属于旧世界观的传统言辞的影响，并且时刻注意到：社会主义自从成为科学以来，就要求人们把它当做科学来对待，就是说，要求人们去研究它。必须以高度的热情把由此获得的日益明确的意识传播到工人群众中去，必须不断增强党组织和工会组织的团结。"④习近平总结道："在马克思主义影响下，马克思主义政党在世界范围内如雨后春笋般建立和发展起来，人民第一次成为自己命运的主人，成为实现自身解放和全人类解放的根本政治力量。"⑤所以，在任何时候，我们都不能小觑科学思想在改变现实、改造社会中的重要指导作用。

① 中共中央马克思恩格斯列宁斯大林著作编译局编译. 马克思恩格斯文集：第1卷[M]. 北京：人民出版社，2009：11.

② 中共中央马克思恩格斯列宁斯大林著作编译局编译. 马克思恩格斯文集：第1卷[M]. 北京：人民出版社，2009：17-18.

③ 中共中央马克思恩格斯列宁斯大林著作编译局编译. 马克思恩格斯文集：第2卷[M]. 北京：人民出版社，2009：217.

④ 中共中央马克思恩格斯列宁斯大林著作编译局编译. 马克思恩格斯文集：第2卷[M]. 北京：人民出版社，2009：219.

⑤ 习近平. 在纪念马克思诞辰200周年大会上的讲话[M]. 北京：人民出版社，2018：10.

**2. 理论宣传的功能**

理论宣传的基本目的包含互为支撑、密不可分的两方面内容：一方面，在社会层面，理论宣传应当充分发挥其精神变物质的功能，为革命和改革提供必不可少的思想指导精神力量；另一方面，在个人层面，理论宣传应当以促进每个人自由发展为基本目标。马克思指出："哲学家们只是用不同的方式解释世界，问题在于改变世界。"[①]这个论断是我们正确理解马克思和恩格斯的理论宣传思想的基本前提。在促进社会变革和发展层面，思想理论教育以马克思主义为指导，就应当秉持鲜明的价值取向，通过提高无产阶级认识和改造世界的能力，不断为无产阶级革命实践服务，从而达到改变世界的根本目的。在个人层面，思想理论教育要立足于每个人自由发展这一基本指向。马克思在批判旧式分工给人带来片面发展的同时，科学预测了未来每个人自由发展的美好前景。"而在共产主义社会里，任何人都没有特殊的活动范围，而是都可以在任何部门内发展，社会调节着整个生产，因而使我有可能随自己的兴趣今天干这事，明天干那事，上午打猎，下午捕鱼，傍晚从事畜牧，晚饭后从事批判，这样就不会使我老是一个猎人、渔夫、牧人或批判者。"[②]以马克思关于人的自由发展的理论为指导，思想理论教育应当遵循个人身心发展规律，以社会个体的才能和个性的自由发展为价值目标，把人们培养成为思想道德素质和科学文化素质全面发展的社会主义新人。

**3. 理论宣传的途径**

马克思在《关于费尔巴哈的提纲》中指出："人的思维是否具有客观的 [gegenst ndliche] 真理性，这不是一个理论的问题，而是一个实践的问题。人应该在实践中证明自己思维的真理性，即自己思维的现实性和力量，自

---

① 中共中央马克思恩格斯列宁斯大林著作编译局编译. 马克思恩格斯文集：第 1 卷 [M]. 北京：人民出版社，2009：502.

② 中共中央马克思恩格斯列宁斯大林著作编译局编译. 马克思恩格斯文集：第 1 卷 [M]. 北京：人民出版社，2009：537.

己思维的此岸性。"①实践的观点是马克思主义认识论的基本观点，它为整个马克思主义哲学理论奠定了基础。所以，在思想理论教育活动中，应当充分重视社会实践的基础性作用，明确社会实践不仅是人的思想形成和发展的基础，而且是检验人们思想正确与否的根本标准。在此基础上，把社会实践作为思想理论教育的基本途径，引导人们在社会实践中学习和领会科学理论，并进一步推动科学理论创新和发展。与此同时，在分析人们思想问题的时候，也应当在社会实践中寻求原因，而不能凭主观臆断去猜测问题。正如马克思所说："全部社会生活在本质上是实践的。凡是把理论引向神秘主义的神秘东西，都能在人的实践中以及对这种实践的理解中得到合理的解决。"②在科学认识人们思想问题产生根源的基础上，还应当进一步通过社会实践消除这些思想问题产生的客观原因，而不是诉诸"神秘主义"这一类唯心的思想观念去解决问题。

## （二）列宁的"灌输"理论

"列宁领导的十月革命取得胜利，社会主义从理论变为现实，打破了资本主义一统天下的世界格局。"③列宁是实践马克思主义理论的典范，他在领会马克思主义的基础上把科学理论变成现实，带领苏联人民走向社会主义道路。在积极践行马克思主义的同时，列宁也注重通过撰写著作、理论宣讲、社会实践等途径和方式，在广大人民群众中宣传和普及马克思主义。

### 1."灌输"的必要性

列宁在《怎么办？》一文中指出："没有革命的理论，就不会有革命的运动。在醉心于最狭隘的实际活动的偏向同时髦的机会主义说教结合在一起的情

---

① 中共中央马克思恩格斯列宁斯大林著作编译局编译. 马克思恩格斯文集：第 1 卷 [M]. 北京：人民出版社，2009：500.

② 中共中央马克思恩格斯列宁斯大林著作编译局编译. 马克思恩格斯文集：第 1 卷 [M]. 北京：人民出版社，2009：501.

③ 习近平. 在纪念马克思诞辰 200 周年大会上的讲话 [M]. 北京：人民出版社，2018：10.

况下，必须始终坚持这种思想。"①这一根据当时俄国所面临的国际国内形势所提出来的科学论断，为马克思主义理论教育提供了重要依据。俄国社会主义革命的胜利，充分证明了科学理论对革命和建设具有重要的动员和指引作用；反之，如果没有强有力的马克思主义理论宣传和普及工作，就无法保证革命和建设取得成功。列宁重视马克思主义理论教育，还体现在他关于"灌输"的理论上。他强调科学社会主义思想意识要从外面进行"灌输"，因为社会主义学说"是从有产阶级的有教养的人即知识分子创造的哲学理论、历史理论和经济理论中发展起来的"②。而工人受旧式分工的影响，一般而言不能享受基本的受教育权，所以不具备一定的理论素养，这决定了他们"单靠自己本身的力量，只能形成工联主义的意识"③，根本无法自发产生科学社会主义的意识。列宁进而指出，在无产阶级和资产阶级相互对抗的时代，只能产生或者是资产阶级的思想体系，或者是社会主义的思想体系，如果不重视理论教育，甚至是崇拜自发性，就极有可能把工人运动纳入资产阶级思想体系中。"因此，对社会主义思想体系的任何轻视和任何脱离，都意味着资产阶级思想体系的加强。"④列宁还强调："资产阶级思想体系的渊源比社会主义思想体系久远得多，它经过了更加全面的加工，它拥有的传播工具也多得不能相比。"⑤这就更加凸显了在全社会广泛开展马克思主义理论教育的重要性和紧迫性。

---

①中共中央马克思恩格斯列宁斯大林著作编译局编译.列宁专题文集：论无产阶级政党 [M].北京：人民出版社，2009：70.

②中共中央马克思恩格斯列宁斯大林著作编译局编译.列宁专题文集：论无产阶级政党 [M].北京：人民出版社，2009：76.

③中共中央马克思恩格斯列宁斯大林著作编译局编译.列宁专题文集：论无产阶级政党 [M].北京：人民出版社，2009：76.

④中共中央马克思恩格斯列宁斯大林著作编译局编译.列宁专题文集：论无产阶级政党 [M].北京：人民出版社，2009：85.

⑤中共中央马克思恩格斯列宁斯大林著作编译局编译.列宁专题文集：论无产阶级政党 [M].北京：人民出版社，2009：87.

## 2. "灌输" 的任务

关于马克思主义理论教育的主要任务，列宁在《青年团的任务》中把它概括为学习共产主义。学习共产主义之所以是马克思主义理论教育的主要任务，是因为科学社会主义的理论和诉求有着科学的理论根基。正如列宁所说："马克思学说具有无限力量，就是因为它正确。它完备而严密，它给人们提供了决不同任何迷信、任何反动势力、任何为资产阶级压迫所作的辩护相妥协的完整的世界观。"①与以往旧社会的教育目的不一样，共产主义教育具有鲜明的特征。列宁指出，存在剥削的旧社会培养出来的人"是一个只关心自己而不顾别人的人"②。而新的共产主义的教育是反对剥削者的教育，是"同无产阶级联合起来反对利己主义者和小私有者，反对'我赚我的钱，其他一切都与我无关'的心理和习惯的教育"③。简而言之，共产主义教育就是培养人们"把自己的工作和精力全部贡献给公共事业"④，成为一个真正的共产主义者。当然，以学习共产主义为主要任务，并不是简单地学习和领会教科书的知识。列宁认为，如果只限于领会共产主义书本的内容，"那我们就很容易造就出一些共产主义的书呆子或吹牛家，而这往往会使我们受到损害，因为这种人虽然把共产主义书本和小册子上的东西读得烂熟，却不善于把所有这些知识融会贯通，也不会按共产主义的真正要求去行动"⑤。在列宁看来，学习共产主义要将内容和方法统一起来，只有通过社会实践才能真正领悟共产主义。

---

① 中共中央马克思恩格斯列宁斯大林著作编译局编.列宁专题文集:论马克思主义[M].北京：人民出版社，2009：67.

② 中共中央马克思恩格斯列宁斯大林著作编译局编译.列宁专题文集:论无产阶级政党 [M].北京：人民出版社，2009：288.

③ 中共中央马克思恩格斯列宁斯大林著作编译局编译.列宁专题文集:论无产阶级政党 [M].北京：人民出版社，2009：288.

④ 中共中央马克思恩格斯列宁斯大林著作编译局编译.列宁专题文集:论无产阶级政党 [M].北京：人民出版社，2009：291.

⑤ 中共中央马克思恩格斯列宁斯大林著作编译局编译.列宁专题文集:论无产阶级政党 [M].北京：人民出版社，2009：279.

### 3. "灌输"的原则

学习共产主义，应当以理论联系实际为基本原则，列宁对此做了诸多论述。他指出："现在我们的讲话和文章，已经不是简单地重复以前对共产主义所作的那些论述，因为我们的讲话和文章都是同日常各方面的工作联系着的。"①所以，不能仅仅从书本上领会共产主义理论。列宁强调，如果将理论和实践割裂开来，"离开工作，离开斗争，那么从共产主义小册子和著作中得来的关于共产主义的书本知识，可以说是一文不值"②。至于怎样联系实际学习共产主义，列宁提出要结合阶级斗争和建设社会主义去学习和领悟。一方面，列宁指出："青年们只有把自己的训练、培养和教育中的每一步骤同无产者和劳动者不断进行的反对剥削者的旧社会的斗争联系起来，才能学习共产主义。"③另一方面，在建立社会主义制度之后，学习共产主义就体现为投入社会主义事业建设中。正如列宁所说："你们当前的任务是建设，你们只有掌握了一切现代知识，善于把共产主义由背得烂熟的现成公式、意见、方案、指示和纲领变成能把你们的直接工作统一起来的活生生的东西，把共产主义变成你们实际工作的指针，那时才能完成这个任务。"④列宁反对只会说漂亮话而不去行动的行为，要求人们"少唱些政治高调，多注意些极平凡的但是生动的、来自生活并经过生活检验的共产主义建设方面的事情"⑤。尤其是在学校教育

①中共中央马克思恩格斯列宁斯大林著作编译局编译.列宁专题文集：论无产阶级政党 [M]. 北京：人民出版社，2009：279.

②中共中央马克思恩格斯列宁斯大林著作编译局编译.列宁专题文集：论无产阶级政党 [M]. 北京：人民出版社，2009：279.

③中共中央马克思恩格斯列宁斯大林著作编译局编译.列宁专题文集：论无产阶级政党 [M]. 北京：人民出版社，2009：288.

④中共中央马克思恩格斯列宁斯大林著作编译局编译.列宁专题文集：论无产阶级政党 [M]. 北京：人民出版社，2009：284.

⑤中共中央马克思恩格斯列宁斯大林著作编译局编.列宁专题文集：论社会主义 [M]. 北京：人民出版社，2009：143.

过程中，绝不能仅仅向青年"灌输关于道德的各种美丽动听的言词和准则"①。这是因为："训练、培养和教育要是只限于学校以内，而与沸腾的实际生活脱离，那我们是不会信赖的。"②列宁的这些经典论述，对于改进新时代马克思主义大众化的方式方法，从而提升马克思主义大众化的有效性具有重要启发。

### （三）毛泽东的马克思主义大众化思想

毛泽东在领导中国人民革命和建设的过程中，不仅结合中国的实际说明了马克思主义大众化的基本内涵，而且在不同场合中阐明了马克思主义大众化的重要性，以及推动马克思主义大众化的途径和方法。

#### 1. 马克思主义大众化的内涵

1938 年，毛泽东在《中国共产党在民族战争中的地位》中详细阐明了使马克思主义在中国具体化的问题。同时，他针对当时党内出现的教条主义倾向强调："洋八股必须废止，空洞抽象的调头必须少唱，教条主义必须休息，而代之以新鲜活泼的、为中国老百姓所喜闻乐见的中国作风和中国气派。"③以此说明在推进马克思主义中国化的同时，也应当不断使马克思主义大众化。而推动马克思主义大众化，就应该实地跟老百姓学习，主动了解他们的情况，学习他们的语言，否则就不能实现大众化。毛泽东指出："有些天天喊大众化的人，连三句老百姓的话都讲不来，可见他就没有下过决心跟老百姓学，实在他的意思仍是小众化。"④可见，毛泽东认为马克思主义大众化中的"大众"就是人民大众，它是"最广大的人民，占全人口百分之九十以上的人民，是工

---

①中共中央马克思恩格斯列宁斯大林著作编译局编译.列宁专题文集：论无产阶级政党 [M]. 北京：人民出版社，2009：288.

②中共中央马克思恩格斯列宁斯大林著作编译局编译.列宁专题文集：论无产阶级政党 [M]. 北京：人民出版社，2009：289.

③毛泽东.毛泽东选集：第 2 卷 [M]. 北京：人民出版社，1991：534.

④毛泽东.毛泽东选集：第 3 卷 [M]. 北京：人民出版社，1991：841.

人、农民、兵士和城市小资产阶级"①。而"大众化"就是"我们的文艺工作者的思想感情和工农兵大众的思想感情打成一片"②。这是因为，文化、理论工作者不能把自己看作高踞于群众头上的主人，"只有代表群众才能教育群众，只有做群众的学生才能做群众的先生"③。由此可见，在毛泽东看来，所谓"大众化"，就是要以平等的眼光、真诚的态度、通俗的语言与人民大众进行开诚布公的交流，只有这样才能用马克思主义理论教育、武装和团结广大人民群众，进而形成战胜敌人的强大社会力量。

### 2.马克思主义大众化的重要性

马克思主义大众化的重要性体现在：武装人民群众掌握科学思想武器，并引导人民群众取得革命胜利。在《新民主主义论》中，毛泽东指出："在现时，毫无疑义，应该扩大共产主义思想的宣传，加紧马克思列宁主义的学习，没有这种宣传和学习，不但不能引导中国革命到将来的社会主义阶段上去，而且也不能指导现时的民主革命达到胜利。"④与此同时，毛泽东在《整顿党的作风》一文中指出，"我们的同志必须懂得一条真理：共产党员和党外人员相比较，无论何时都是占少数"⑤，所以，要在党内和党外关系上消灭宗派主义的残余，"单是团结全党同志还不能战胜敌人，必须团结全国人民才能战胜敌人"⑥。实践证明，中国革命取得最终胜利，离不开马克思主义宣传和普及这一重要工作。在中华人民共和国成立前夕，毛泽东总结道："任何思想，如果不和客观的实际的事物相联系，如果没有客观存在的需要，如果不为人民群众所掌握，即使是最好的东西，即使是马克思列宁主义，也是不起作用的。"⑦中华人民共和国成立后，毛泽东仍然强调要继续推进马克思主义大众化，他经

---

①毛泽东.毛泽东选集：第3卷[M].北京：人民出版社，1991：855.

②毛泽东.毛泽东选集：第3卷[M].北京：人民出版社，1991：851.

③毛泽东.毛泽东选集：第3卷[M].北京：人民出版社，1991：864.

④毛泽东.毛泽东选集：第2卷[M].北京：人民出版社，1991：706.

⑤毛泽东.毛泽东选集：第3卷[M].北京：人民出版社，1991：826.

⑥毛泽东.毛泽东选集：第3卷[M].北京：人民出版社，1991：825.

⑦毛泽东.毛泽东选集：第4卷[M].北京：人民出版社，1991：1515.

常强调："代表先进阶级的正确思想，一旦被群众掌握，就会变成改造社会、改造世界的物质力量。"[①]宣传和普及马克思主义，不仅可以团结和带领广大人民群众取得革命胜利，而且可以充分调动人民群众在社会主义建设过程中的积极性和能动性，为社会主义建设凝心聚力。习近平总书记在纪念毛泽东同志诞辰120周年大会上的讲话中强调："毛泽东同志创造性地解决了在中国这种特殊的社会历史条件下建设马克思主义政党的一系列重大问题，把党建设成为用科学理论和革命精神武装起来的、同人民群众有着血肉联系的、思想上政治上组织上完全巩固的马克思主义政党。"[②]之所以取得这样的成就，一方面是因为毛泽东等中央领导人坚持从中国实际出发，实现马克思主义中国化；另一方面则是因为我们党始终用马克思主义武装全党和人民的头脑，充分发挥它作为思想武器的重要功能。

### 3. 马克思主义大众化的途径

毛泽东在宣传和普及马克思主义的过程中，不断摸索出行之有效的马克思主义大众化的途径和方法。首先，他充分重视发挥党报党刊的宣传作用。例如，早在1931年，毛泽东就指出："《时事简报》是苏维埃区域中提高群众斗争情绪、打破群众保守观念的重要武器，在新争取的区域对于推动群众斗争更有伟大的作用。"[③]1940年，毛泽东在《〈中国工人〉发刊词》中说："《中国工人》将以通俗的言语解释许多道理给工人群众听，报道工人阶级抗日斗争的实际，总结其经验，为完成自己的任务而努力。"[④]1948年其总结道："报纸的作用和力量，就在它能使党的纲领路线、方针政策、工作任务和工作方法，最迅速最广泛地同群众见面。"[⑤]"办好报纸，把报纸办得引人入胜，在报纸上正确宣传党的方针政策，通过报纸加强党和群众的联系，这是党

---

① 中共中央文献研究室. 毛泽东文集：第8卷 [M]. 北京：人民出版社，1999：320.

② 中共中央文献研究室. 十八大以来重要文献选编：上 [M]. 北京：中央文献出版社，2014：689.

③ 中共中央文献研究室. 毛泽东文集：第1卷 [M]. 北京：人民出版社，1993：259.

④ 毛泽东. 毛泽东选集：第2卷 [M]. 北京：人民出版社，1991：727-728.

⑤ 毛泽东. 毛泽东选集：第4卷 [M]. 北京：人民出版社，1991：1318.

的工作中的一项不可小看的、有重大原则意义的问题。"①其次,毛泽东勉励广大理论工作者积极宣传马克思主义。例如,1955 年,毛泽东指出:"我们要作出计划,组成这么一支强大的理论队伍,有几百万人谈马克思主义的理论基础,即辩证唯物论和历史唯物论,反对各种唯心论和机械唯物论。"②1957年,毛泽东《在中国共产党全国宣传工作会议上的讲话》中强调:"我们作宣传工作的同志有一个宣传马克思主义的任务。这个宣传是逐步的宣传,要宣传得好,使人愿意接受。"③最后,毛泽东强调,在马克思主义大众化过程中要切实关心群众利益。他指出:"一切空话都是无用的,必须给人民以看得见的物质福利。"④"帮助人民发展生产,增加他们的物质福利,并在这个基础上一步一步地提高他们的政治觉悟与文化程度。"⑤习近平总书记这样评价共产党人的群众路线:"在人民面前,我们永远是小学生,必须自觉拜人民为师,向能者求教,向智者问策;必须充分尊重人民所表达的意愿、所创造的经验、所拥有的权利、所发挥的作用。"⑥在新时代新征程推动马克思主义大众化,仍然要坚持作为党的生命线和根本工作路线的群众路线。

### (四)邓小平、江泽民、胡锦涛、习近平关于马克思主义大众化的相关论述

改革开放以来,我国面临新的国际国内形势,着眼于我国发展面临的重大理论和实践问题,邓小平、江泽民、胡锦涛、习近平等国家领导人,继续用发展着的中国化的马克思主义武装全党和全国各族人民,他们探索出的马克思主义大众化的新的理论成果,为新时代马克思主义大众化基本问题研究提供了最直接的理论依据。

---

①毛泽东.毛泽东选集:第 4 卷 [M].北京:人民出版社,1991:1319.

②中共中央文献研究室.毛泽东文集:第 6 卷 [M].北京:人民出版社,1999:395.

③中共中央文献研究室.毛泽东文集:第 7 卷 [M].北京:人民出版社,1999:270.

④中共中央文献研究室.毛泽东文集:第 2 卷 [M].北京:人民出版社,1993:467.

⑤中共中央文献研究室.毛泽东文集:第 2 卷 [M].北京:人民出版社,1993:467.

⑥中共中央文献研究室.十八大以来重要文献选编:上 [M].北京:中央文献出版社,

2014:697.

## 1. 马克思主义大众化的必要性

关于马克思主义大众化的必要性问题，邓小平、江泽民、胡锦涛和习近平都依据不同的时代特征，从不同的角度进行了阐述。邓小平曾通俗地指出："学马列要精，要管用的。长篇的东西是少数搞专业的人读的，群众怎么读？要求都读大本子，那是形式主义的，办不到。"①正因为马克思主义文本理论具有一定的理论深度，不容易为广大人民群众所理解和领会，所以邓小平提倡要将马克思主义通俗化，使之为人民大众所接受。而且他认为："我们讲了一辈子马克思主义，其实马克思主义并不玄奥。马克思主义是很朴实的东西，很朴实的道理。"②只要能够彻底把握马克思主义的基本理论观点，就有可能通过把它转化为人民群众的语言，使群众了解、掌握马克思主义。江泽民着眼于思想政治工作的本质指出："党的思想政治工作本质上是群众工作，是宣传群众、教育群众、引导群众、提高群众的工作。"③进而他认为，马克思主义大众化之所以必要，就在于："当代马克思主义必须与人民群众共命运，回答人民群众最关心的问题，才能转化为社会主体认同。"④也就是说，在改革开放新的时代背景下，人民群众的生活和思想都日益多样化，只有真正关心人民群众的利益，继续重视推进马克思主义大众化工作，才能更好地推动中国特色社会主义事业进一步发展。在党的十七大报告中，胡锦涛指出："大力推进理论创新，不断赋予当代中国马克思主义鲜明的实践特色、民族特色、时代特色。开展中国特色社会主义理论体系宣传普及活动，推动当代中国马克思主义大众化。"⑤自胡锦涛提出"推动当代中国马克思主义大众化"这个科学命题以来，有力地推动了党的中国马克思主义大众化的理论和实践工作。2008 年，胡锦涛在纪念十一届三中全会召开 30 周年大会上的讲话中强调，要随着中国特色社会主义实践的发展而发展中国特色社会主义理论体系，"不断赋予当代

①邓小平. 邓小平文选：第 3 卷 [M]. 北京：人民出版社，1993：382.

②邓小平. 邓小平文选：第 3 卷 [M]. 北京：人民出版社，1993：382.

③江泽民. 江泽民文选：第 3 卷 [M]. 北京：人民出版社，2006：538.

④江泽民. 江泽民文选：第 3 卷 [M]. 北京：人民出版社，2006：328.

⑤胡锦涛. 胡锦涛文选：第 2 卷 [M]. 北京：人民出版社，2016：639.

中国马克思主义鲜明的实践特色、民族特色、时代特色，不断推动当代中国马克思主义大众化，让当代中国马克思主义放射出更加灿烂的真理光芒"①。习近平也一直重视宣传和普及马克思主义，他在党的十九大报告中强调："必须推进马克思主义中国化时代化大众化，建设具有强大凝聚力和引领力的社会主义意识形态，使全体人民在理想信念、价值理念、道德观念上紧紧团结在一起。"②在回顾和总结党的百年历史时，习近平指出："中国共产党坚持马克思主义基本原理，坚持实事求是，从中国实际出发，洞察时代大势，把握历史主动，进行艰辛探索，不断推进马克思主义中国化时代化，指导中国人民不断推进伟大社会革命。"③党的二十大进一步强调："健全用党的创新理论武装全党、教育人民、指导实践工作体系。"④党的二十大从"健全体系"这个角度，对新时代马克思主义大众化工作提出了新的要求，这从一个侧面反映了我们党对学习贯彻党的创新理论的高度重视。

## 2. 马克思主义大众化的主要渠道

改革开放以来，邓小平一直重视在全社会尤其是对青年进行政治思想教育，他把思想宣传战线上的工作人员称为"人类灵魂工程师"。他认为，在历史转变时期，灵魂工程师在思想教育方面，在宣传和普及马克思主义的过程中，承担着尤为重大的责任。邓小平强调："作为灵魂工程师，应当高举马克思主义的、社会主义的旗帜，用自己的文章、作品、教学、讲演、表演，教育和引导人民正确地对待历史，认识现实，坚信社会主义和党的领导，鼓舞人民奋发努力，积极向上，真正做到有理想、有道德、有文化、守纪律，为伟大壮

①胡锦涛.胡锦涛文选：第3卷[M].北京：人民出版社，2016：174.

②习近平.决胜全面建成小康社会 夺取新时代中国特色社会主义伟大胜利：在中国共产党第十九次全国代表大会上的报告[M].北京：人民出版社，2017：41.

③习近平.在庆祝中国共产党成立100周年大会上的讲话[M].北京：人民出版社，2021：12-13.

④习近平.高举中国特色社会主义伟大旗帜 为全面建设社会主义现代化国家而团结奋斗：在中国共产党第二十次全国代表大会上的报告[M].北京：人民出版社，2022：43-44.

丽的社会主义现代化建设事业而英勇奋斗。"①江泽民认为，要通过思想理论教育这一途径，在新时期继续推进马克思主义大众化工作，尤其是加强推进邓小平理论的宣传和普及工作。针对高校意识形态工作，江泽民指出："加强理论教育、思想教育和政治工作的目的，就是要引导和帮助青年学生树立正确的世界观、人生观、价值观，打下科学理论的基础，确立为建设有中国特色社会主义而奋斗的政治方向。"②为此，江泽民强调要积极开展马克思主义理论，尤其是邓小平理论"进教材、进课堂、进大学生头脑"工作，并要求"教育系统要编写建设有中国特色社会主义理论的教材，作为学校政治课的主要内容"。实践证明，高校马克思主义理论"三进"工作，为培育大学生树立正确思想观念，以及引导他们形成对错误思想观念的抵制能力，具有明显的成效。胡锦涛同样认为应当充分发挥理论工作者在宣传和普及马克思主义中的重要作用。他指出："做理论工作的同志要进一步深入群众，贴近生活，密切联系改革开放和现代化建设的实际，特别是发展社会主义市场经济的实际，为党和政府的决策提供更多的科学依据、政策建议和有力的理论支持，对干部群众关心的问题努力做好释疑解惑工作。"③在党的十七大报告中，胡锦涛强调："推进马克思主义理论研究和建设工程，深入回答重大理论和实际问题，培养造就一批马克思主义理论家特别是中青年理论家。"④在党的十八大报告中，胡锦涛进一步指出："推进马克思主义中国化时代化大众化，坚持不懈用中国特色社会主义理论体系武装全党、教育人民，深入实施马克思主义理论研究和建设工程，建设哲学社会科学创新体系，推动中国特色社会主义理论体系进教材进课堂进头脑。"⑤针对社会信息化持续推进这一新的社会发展趋势，胡锦涛提出新要求："要在网上建设具有广泛影响力的思想文化传播平台，努力宣传科学理论、传播先进文化、倡导科学精神、塑造美好心灵、弘扬社会正气，形成

①邓小平．邓小平文选：第3卷 [M]．北京：人民出版社，1993：40．

②江泽民．江泽民文选：第1卷 [M]．北京：人民出版社，2006：372．

③中共中央文献研究室．十四大以来重要文献选编：中 [M]．北京：人民出版社，1997：1119．

④胡锦涛．胡锦涛文选：第2卷 [M]．北京：人民出版社，2016：639．

⑤胡锦涛．胡锦涛文选：第3卷 [M]．北京：人民出版社，2016：638．

积极向上的主流舆论，巩固马克思主义在意识形态领域的指导地位。"①根据新时代新征程所面临的新情况新问题，习近平指出，要根据人民群众的愿望和需求，以及他们的接受习惯和特点，更好地用科学理论武装他们的头脑。习近平强调："要深化党的创新理论学习教育，推动理想信念教育常态化制度化，加强党史、新中国史、改革开放史、社会主义发展史教育，加强爱国主义、集体主义、社会主义教育，引导人们坚定道路自信、理论自信、制度自信、文化自信，促进全体人民在思想上精神上紧紧团结在一起。"②党的二十大报告进一步指出："我们要站稳人民立场、把握人民愿望、尊重人民创造、集中人民智慧，形成为人民所喜爱、所认同、所拥有的理论，使之成为指导人民认识世界和改造世界的强大思想武器。"③

①胡锦涛.在第十六届中共中央政治局第四十一次集体学习时的讲话[N].人民日报，2007-04-25.

②习近平.习近平谈治国理政：第四卷[M].北京：外文出版社，2022：310.

③习近平.高举中国特色社会主义伟大旗帜　为全面建设社会主义现代化国家而团结奋斗：在中国共产党第二十次全国代表大会上的报告[M].北京：人民出版社，2022：19.

# 二、新时代马克思主义大众化的现实境遇

新时代马克思主义大众化面临难得的历史机遇，这为宣传普及党的创新理论提供了有利的环境支撑。同时，新时代马克思主义大众化也面临不少挑战。辩证看待这些机遇和挑战，充分发挥党的理论工作者、宣传工作者的主观能动性，可以整合优化新时代马克思主义大众化的内部环境与外部环境，进而限制消极环境的负面影响，发挥积极环境的正向影响作用。

## （一）新时代马克思主义大众化面临的机遇

2019年，习近平在省部级主要领导干部专题研讨班开班式上指出，我国形势总体向好发展，党中央领导坚强有力，"意识形态领域态势积极健康向上，经济保持着稳中求进的态势，全国各族人民同心同德、斗志昂扬，社会大局保持稳定"①。党的二十大报告庄严宣告："改革开放和社会主义现代化建设深入推进，书写了经济快速发展和社会长期稳定两大奇迹新篇章，我国发展具备了更为坚实的物质基础、更为完善的制度保证，实现中华民族伟大复兴进

---

① 习近平. 习近平谈治国理政：第三卷 [M]. 北京：外文出版社，2020：219.

入了不可逆转的历史进程。"①由此可见，新时代马克思主义大众化面临着难得的历史机遇。

### 1. 意识形态领域形势发生全局性、根本性转变

意识形态工作是为国家立心、为民族立魂的工作。党的十八大以来，党和国家扭转了意识形态领域一度出现的被动局面，意识形态领域党的领导弱化问题得到有效解决，打赢了意识形态领域重大斗争。党的二十大报告指出："我们确立和坚持马克思主义在意识形态领域指导地位的根本制度，新时代党的创新理论深入人心，社会主义核心价值观广泛传播，中华优秀传统文化得到创造性转化、创新性发展，文化事业日益繁荣，网络生态持续向好，意识形态领域形势发生全局性、根本性转变。"②意识形态领域态势积极健康向上，为新时代马克思主义大众化工作提供了有利的外部环境。具体而言，意识形态领域形势发生全局性、根本性转变主要体现为以下几方面。第一，全党全国人民信仰信念更加坚定。马克思主义是我们立党立国、兴党兴国的根本指导思想，是社会主义意识形态的旗帜和灵魂。我们党领导文化建设的长期实践表明，只有坚持马克思主义在意识形态领域的指导地位，牢牢把握意识形态工作领导权，才能确保我们党始终保持思想上的统一，促进政治上的团结，从而保证行动上的一致，使全体人民形成较为一致的理想信念、价值理念和道德观念。当前，我国发展进入战略机遇和风险挑战并存、不确定难预料因素增多的时期，社会思想观念多样，社会思潮纷繁复杂，这在一定程度上增加了我们党统一思想、凝聚力量的任务。面对这样的形势和任务，牢牢坚持马克思主义在意识形态领域指导地位的根本制度，对于不断夯实共同的思想基础，促进全体人民在思想上精神上紧紧团结在一起，具有重要战略意义。第二，社会舆论总体氛围积极向上。"党从正本清源入手加强宣传思想工作，召开全国宣传思想工作会议，分

---

① 习近平.高举中国特色社会主义伟大旗帜　为全面建设社会主义现代化国家而团结奋斗：在中国共产党第二十次全国代表大会上的报告 [M]. 北京：人民出版社，2022：15-16.

② 习近平.高举中国特色社会主义伟大旗帜　为全面建设社会主义现代化国家而团结奋斗：在中国共产党第二十次全国代表大会上的报告 [M]. 北京：人民出版社，2022：10.

别召开文艺工作、党的新闻舆论工作、网络安全和信息化工作、哲学社会科学工作座谈会和全国高校思想政治工作会议,就一系列根本性问题阐明原则立场,廓清了理论是非,校正了工作导向,思想文化领域向上向好态势不断发展。"①党的十八大以来,世界范围内思想文化相互激荡、我国社会思想观念深刻变化,以习近平同志为核心的党中央着力解决意识形态领域党的领导弱化问题,就意识形态领域许多重大问题做出战略部署。我们党着力抵制拜金主义、享乐主义、极端个人主义和历史虚无主义等错误思潮,消除网络舆论乱象,解决一些领导干部存在的政治立场模糊、缺乏斗争精神等问题,营造了良好的社会舆论环境。第三,文化事业和文化产业繁荣发展。推动文化事业和文化产业发展,是满足人民多样化、高品位文化需求的重要基础,也是激发文化创造活力、推进文化强国建设的必然要求。近年来,我国文化建设呈现出繁荣发展的景象,文化事业、文化产业蓬勃发展,群众文化生活日益丰富多彩。目前,中国电视剧和图书年产量稳居世界第一,电影产量高居世界第二。"据统计,2020 年全国制作发行电视剧 202 部、7476 集,年产量高居世界第一,生产电影 650 部,排名世界第二。"②文化的繁荣发展,让人们精神生活更加充实丰富。随着人民物质生活水平不断提高,人们的精神文化需求也越来越旺盛,越来越多的人希望拥有更加丰富、更高品质的文化生活。《文化强国建设规划纲要(2021—2035 年)》和"十三五""十四五"文化发展规划,对于深入推进文化领域供给侧结构性改革,引领文化高质量发展,进一步满足人们的精神文化需要,具有重要引领作用。

习近平总书记强调:"这几年,我国文化建设在正本清源、守正创新中取得历史性成就、发生历史性变革,为新时代坚持和发展中国特色社会主义、开创党和国家事业全新局面提供了强大正能量。"③而这种强大的正能量,为推

①中共中央关于党的百年奋斗重大成就和历史经验的决议 [M]. 北京:人民出版社,2021:44-45.

②中共中央宣传部理论局. 新征程面对面——理论热点面对面·2021[M]. 北京:学习出版社,人民出版社,2021:135.

③习近平. 在教育文化卫生体育领域专家代表座谈会上的讲话 [M]. 北京:人民出版社,2020:5.

进新时代马克思主义大众化提供了良好思想舆论环境。

### 2. 全过程人民民主发挥显著优势

党和国家实行人民民主，就是保证国体、政体以及其他一切治国理政活动，都必须充分体现人民当家作主的要求。实现人民当家作主，是中国共产党始终坚守的不懈追求。中国共产党始终高举人民民主的旗帜，把人民当家作主作为社会主义民主政治的本质和核心。尊重人民主体地位、保证人民当家作主是党的一贯主张。党的二十大报告强调："人民民主是社会主义的生命，是全面建设社会主义现代化国家的应有之义。全过程人民民主是社会主义民主政治的本质属性，是最广泛、最真实、最管用的民主。"[①]全过程人民民主不仅有完整的制度程序，而且有完整的参与实践，是全链条、全方位、全覆盖的民主，因而具有显著的优势。第一，全过程人民民主是最广泛的民主。全过程人民民主坚持人民主体地位，体现人民意志、保障人民权益、激发人民创造活力，是能够保证亿万人民当家作主的最广泛民主。全过程人民民主维护最广大人民根本利益，确保国家权力为全体人民所平等享有。第二，全过程人民民主是最真实的民主。全过程人民民主把民主的价值和理念转化为科学有效的制度安排和具体现实的民主实践，实现了过程民主和成果民主、程序民主和实质民主、直接民主和间接民主、人民民主和国家意志相统一。从制度上看，我国以人民代表大会制度为根本政治制度，形成了全面、广泛、有机衔接的人民当家作主制度体系。习近平总书记强调："坚持以人民为中心，坚持国家一切权力属于人民，支持和保证人民通过人民代表大会行使国家权力，健全民主制度，丰富民主形式，拓宽民主渠道，保证人民平等参与、平等发展权利，发展更加广泛、更加充分、更加健全的全过程人民民主。"[②]从实践上看，我国构建起多样、畅通、有序的民主渠道，不断扩大人民有序政治参与，保证国家政治生活、社会生活各方面各环节都能听到人民声音，人民意愿能够通过民主决策程

---

①习近平.高举中国特色社会主义伟大旗帜 为全面建设社会主义现代化国家而团结奋斗：在中国共产党第二十次全国代表大会上的报告 [M]．北京：人民出版社，2022：37.

②习近平.在中央人大工作会议上的讲话 [J]．求是，2022（05）．

序成为党和国家方针政策并落到实处。第三，全过程人民民主是最管用的民主。"民主不是装饰品，不是用来做摆设的，而是要用来解决人民需要解决的问题的。"①为满足人民在民主、法治、公平、正义等方面日益增长的需要，全过程人民民主把发展为了人民、发展依靠人民、发展成果由人民共享真正落到实处，既保障人民当家作主的权利和地位，又激发人民的主人翁精神，充分调动人民的积极性、主动性、创造性。对中国这样一个人口众多、国情复杂的发展中大国来说，发展全过程人民民主，能够切实解决中国的治理难题，推进国家治理现代化，实现社会和谐稳定、国家安定团结。

习近平总书记指出，要"正确认识中国特色和国际比较，全面客观认识当代中国、看待外部世界"②。当前，相较于优势显著的中国全过程人民民主，美国的民主的弊端日益凸显。2023 年 3 月发布的《2022 年美国民主情况》报告，通过大量列举事实和媒体专家看法，系统梳理和呈现过去一年美国民主的真实表现。这份报告指出："2022 年，美国持续陷入民主失真、政治失能、社会失和的恶性循环。金钱政治、身份政治、社会撕裂、贫富分化等问题愈加严重。美国民主弊病已深入政治和社会肌理的方方面面，并进一步折射出其背后的治理失灵和制度缺陷。"③而中国式民主则符合我国国情，适应我国发展要求，体现人民意志，在实践中发挥显著作用。中华人民共和国国务院新闻办公室于 2021 年发布的《中国的民主》中指出："全过程人民民主，具有完整的制度程序和完整的参与实践，使选举民主和协商民主这两种重要民主形式更好结合起来，构建起覆盖 960 多万平方公里土地、14 亿多人民、56 个民族的民主体系，实现了最广大人民的广泛持续参与。"④中国式民主能够确保国家政权高度稳定，强化全体人民对统一国家的意识，不断增强政治认同、情感认同和文化认同，确保各民族的安定团结和国家的长治久安。通过全面的国际比较，可以让广大人民群众更直观地认识中国民主的优越性，从而增强对中国特

---

①中华人民共和国国务院新闻办公室. 中国的民主 [N]. 人民日报, 2021-12-05.

②习近平在全国高校思想政治工作会议上强调把思想政治工作贯穿教育教学全过程开创我国高等教育事业发展新局面 [N]. 人民日报, 2016-12-09.

③2022 年美国民主情况 [N]. 人民日报, 2023-03-21.

④中华人民共和国国务院新闻办公室. 中国的民主 [N]. 人民日报, 2021-12-05.

色社会主义政治道路的认同感。

### 3. 思想政治工作得到持续加强和改进

国务院于 2021 年印发的《关于新时代加强和改进思想政治工作的意见》指出："思想政治工作是党的优良传统、鲜明特色和突出政治优势，是一切工作的生命线。加强和改进思想政治工作，事关党的前途命运，事关国家长治久安，事关民族凝聚力和向心力。"[①]无论是革命战争年代，还是和平建设时期，思想政治工作都发挥了发动群众、组织群众、团结群众的重要作用，凸显了重大政治优势。党的十八大以来，以习近平同志为核心的党中央高度重视思想政治工作，发挥全社会合力加以推进，充分发挥了凝心聚力、鼓舞斗志的作用，极大巩固了全党全社会的共同思想基础。新时代思想政治工作的成效表现为："积极健康向上的主流思想舆论广为弘扬，全社会凝聚力和向心力极大提升，全民族自尊心和自豪感充分激发，全体人民的信仰、信念、信心大大增强，顽强拼搏、艰苦奋斗的精气神更加提振，为党和国家事业全局营造了良好的思想氛围、提供了强大的精神力量。"[②]

学校是意识形态工作的前沿阵地，也是加强和改进思想政治工作的重要领域。党的十八大以来，党中央对教育工作的领导全面加强，尤其是把高校思想政治工作摆在突出位置，并"作出一系列重大决策部署，各地区各有关部门各高校采取有力有效措施，积极主动开展工作，创造了许多成功做法，积累了许多宝贵经验"[③]。由于学校思想政治工作力度空前，学生思想道德素质持续向好，教育自信也得到进一步增强。总体来看，高校思想政治工作的生命线作用日益凸显，"越来越多的地方和高校将思想政治工作纳入学校的发展规划、

---

① 中共中央国务院印发《关于新时代加强和改进思想政治工作的意见》[N].人民日报，2021-07-13.

②本刊评论员.把思想政治工作的成效写在人民心里[J].思想政治工作研究,2022(10).

③中共中央国务院.关于加强和改进新形势下高校思想政治工作的意见[N].人民日报，2017-02-28.

大学章程和教育综合改革实施方案之中"①，高校思想政治教育的思想基础越来越牢固，网络阵地建设正在快速推进。习近平强调，高校思想政治工作事关"培养什么样的人、如何培养人以及为谁培养人"的教育根本问题，要求把立德树人作为中心环节，把思想政治工作贯穿教育教学全过程。思政课是推进马克思主义大众化的主渠道。习近平指出："办好思政课，就是要开展马克思主义理论教育，用新时代中国特色社会主义思想铸魂育人，引导学生增强中国特色社会主义道路自信、理论自信、制度自信、文化自信，厚植爱国主义情怀，把爱国情、强国志、报国行自觉融入坚持和发展中国特色社会主义、建设社会主义现代化强国、实现中华民族伟大复兴的奋斗之中。"②大学生是社会主义建设者和接班人，通过生动形象的话语和多样化的教学方式，引导他们掌握和内化习近平中国特色社会主义思想的基本内涵、重要地位和精神要义，是新时代马克思主义大众化的题中应有之义。

《关于新时代加强和改进思想政治工作的意见》强调："坚持用习近平新时代中国特色社会主义思想武装全党、教育人民，健全用党的创新理论武装全党、教育人民工作体系，增进对习近平新时代中国特色社会主义思想的政治认同、思想认同、理论认同、情感认同。"③思想政治工作得到持续加强和改进，为新时代马克思主义大众化提供了重要组织和制度支撑。

### （二）新时代马克思主义大众化面临的挑战

新时代马克思主义大众化面临的主要挑战有：境内外敌对势力对我国实施西化、分化战略；世界范围内各种思潮交流交融交锋；发展不平衡不充分问题仍然突出；铲除腐败滋生土壤任务仍然艰巨。新时代马克思主义大众化面临着

---

① 中共中央国务院.关于加强和改进新形势下高校思想政治工作的意见[N].人民日报，2017-02-28.

② 习近平.思政课是落实立德树人根本任务的关键课程[M].北京：人民出版社，2020：6-7.

③ 中共中央国务院.关于新时代加强和改进思想政治工作的意见[N].人民日报，2021-07-13.

不同以往的新环境和新任务，而在不断解决新问题的过程中，也将为马克思主义大众化的理论创新提供强大动力和广阔空间。

### 1. 境内外敌对势力对我国实施西化、分化战略

随着我国对外开放的日益扩大，对外文化交流也日益频繁而广泛，意识形态领域也面临更加复杂的形式。对外开放在便利我们汲取世界文明精华的同时，也使社会思想领域面临西方意识形态入侵的危险。这是因为，经济全球化实际上是由西方发达资本主义国家引导和推动的，发达国家与发展中国家不仅存在不平等的经济关系，而且存在不平等的政治关系。由于经济全球化实际上受西方发达资本主义国家的引导与推动，因而以美国为首的发达国家倚仗其经济、军事、科技的优势，必定要在全球范围内推行其强权政治、价值观念、文化方式和谋取利益。西方资产阶级凭借其经济和科技的优势，想方设法把它们的"自由""民主""平等"等价值理念上升为普世价值，希望以此与我们争夺价值观上的话语权。自从我国社会主义制度建立以来，西方意识形态的渗透就没有停止过。这种意识形态渗透，对青少年群体往往更为明显。正如习近平所强调："长期以来，各种敌对势力从来没有停止对我国实施西化、分化战略，从来没有停止对中国共产党领导和我国社会主义制度进行颠覆破坏活动，始终企图在我国策划'颜色革命'，他们下功夫最大的一个领域就是争夺我们的青少年。"[1]所谓"颜色革命"，它是由西方势力发动和主导的殖民扩张运动，需要明确的是，它只是假借革命之名，而根本与革命和进步毫不相关，它在本质上是一次反革命的、反人类的新殖民主义扩张运动。尽管"颜色革命"是反革命反人类的，但它经常被西方伪装成争取民主和人权的正义战争。正因为如此，它才更具有欺骗性和蛊惑力，尤其是对部分免疫力不强的人群而言，"颜色革命"很容易弱化他们对中国特色社会主义政治的认知认同。在"颜色革命"的背景下，西方意识形态不断向我国意识形态领域渗透，在一定程度上造成一些人对意识形态的迷惑。

国内外势力对我国进行西化、分化的手段不胜枚举，比如说，20世纪90年代美国对华意识形态政策大致可分为三方面。第一，美国政府支持中国境外

---

①习近平. 论党的青年工作 [M]. 北京：中央文献出版社，2022：155.

的反政府组织和个人以"反共"或"民主自由"的名义举办的各类反政府活动，对其进行经费、舆论等方面的扶植和支持。第二，传播美国的价值观和政治制度理念，其方法是，一方面通过美国的企业和产品，包括物质产品和文化产品在中国市场的扩散来推广美国的社会文化和价值观念；另一方面，有计划地通过学术交流、广播宣传（如"美国之音"）对中国海外留学生或国内听众进行价值灌输。第三，就所谓"人权"问题对中国政策进行攻击和指责。①就有计划的学术交流而言，在今天仍然是西方对我国进行思想渗透的重要路径，部分西方学者以学术交流之名，积极宣扬西方的价值观和政治主张。他们通过宣扬民主主义、新自由主义来否定马克思主义，企图动摇马克思主义在中国的指导地位，而国内学术界部分学者和高校部分教师缺乏一定的政治敏锐度和警惕性，容易受到其思想的影响。就高校而言，部分教师违背课堂教学纪律，对国外学术流派的思想未加以区分和甄别就进行全盘介绍，甚至进行一些偏离政治方向的引导和发布一些不负责任的言论，这对大学生树立正确的政治认知、政治态度和政治信仰产生了严重干扰，削弱了高校思想政治工作的影响力和感染力。

面临这样的挑战，要求我们坚持马克思主义在意识形态领域指导地位的根本制度，建设具有强大凝聚力和引领力的社会主义意识形态。与此同时，如何在坚持马克思主义的指导下，增强人民群众的文化自觉和文化自信，并在此基础上增强我国的文化软实力，提升国际话语权，是理论工作者所应承担的重要历史责任。其一，增强人民群众的文化自觉和文化自信。在 2016 年七一讲话中，习近平总书记指出："文化自信，是更基础、更广泛、更深厚的自信。在 5000 多年文明发展中孕育的中华优秀传统文化，在党和人民伟大斗争中孕育的革命文化和社会主义先进文化，积淀着中华民族最深层的精神追求，代表着中华民族独特的精神标识。"②虽然我们倡导世界不同文明交流互鉴，通过汲取其他国家和民族的优秀文明成果以取长补短，但是我们绝不能"以洋为尊""以洋为美""唯洋是从"，更"不能数典忘祖，不能照抄照搬别国的发

---

① 张宏毅，等 . 意识形态与美国对苏联和中国的政策 [M]. 北京：人民出版社，2011：3.
② 习近平 . 在庆祝中国共产党成立95周年大会上的讲话 [N]. 人民日报，2016-07-02.

展模式，也绝不会接受任何外国颐指气使的说教"①。其二，增强我国的文化软实力，提升国际话语权。文化软实力不仅仅表现为独特的思想文化在一国之内所具有的凝聚力和生命力，而且它还体现了这种思想文化在国际上的吸引力和影响力。习近平指出："提高国家文化软实力，关系'两个一百年'奋斗目标和中华民族伟大复兴的中国梦的实现。"②提高国家文化软实力，不仅要求我们提炼、阐释和努力传播当代中国价值观念，而且要努力展示中华传统文化的独特魅力。当前，由于资本主义国家面临着不少社会问题和道德问题，一些西方知识分子纷纷把目光转向中华传统文化，希望能从中华文化中汲取一定的养料。例如，美国过程哲学家斯蒂芬·劳尔教授指出，美国是"道德疾病"最严重的国家，这是因为："他们所关心的唯有自己的物质幸福，即便自己的道德幸福和精神幸福也无暇他顾。"③劳尔教授进一步呼吁："儒家文化可以帮助我们重估我们自己优秀的博雅教育传统，从而使我们把教育的重心放在'人的转变上'，而不是创造利润上和信息与知识的灌输上。"④由此可见，包括儒家学说在内的中国优秀传统文化，蕴含着能为现代社会所借鉴的精华成分，理论工作者的责任就在于要通过创新传播载体和途径，面向世界展现中华文化的魅力。提高国家文化软实力，还应当提升我国在国际社会的话语权。习近平指出："在全面对外开放的条件下做宣传思想工作，一项重要任务是引导人们更加全面客观地认识当代中国、看待外部世界。"⑤具体要做到："要加强国际传播能力建设，精心构建对外话语体系，发挥好新兴媒体作用，增强对外话语的创造力、感召力、公信力，讲好中国故事，传播好中国声音，阐释好中国特色。"⑥党的二十大报告强调："坚守中华文化立场，提炼展示中华文明的

①习近平.习近平谈治国理政 [M].北京：外文出版社，2014：30.

②习近平.习近平谈治国理政 [M].北京：外文出版社，2014：160.

③樊美筠，斯蒂芬·劳尔.美国最好的部分已经被现代性最坏的部分所折损：对话美国过程哲学家斯蒂芬·劳尔教授 [N].光明日报，2014-04-16.

④樊美筠，斯蒂芬·劳尔.美国最好的部分已经被现代性最坏的部分所折损：对话美国过程哲学家斯蒂芬·劳尔教授 [N].光明日报，2014-04-16.

⑤习近平.习近平谈治国理政 [M].北京：外文出版社，2014：155.

⑥习近平.习近平谈治国理政 [M].北京：外文出版社，2014：162.

精神标识和文化精髓，加快构建中国话语和中国叙事体系，讲好中国故事、传播好中国声音，展现可信、可爱、可敬的中国形象。"①由此不断形成同我国国际地位相匹配的国际话语权，不断增强中华文明传播力影响力。

### 2. 世界范围内各种思潮交流交融交锋

当前，世界范围内各种复杂的思想文化激烈较量，给我国思想文化领域带来深刻影响。近年国内外各种社会思潮激烈交锋这一现象，就在一定程度上反映出世界范围内思想文化较量的态势。《人民论坛》刊发的《2012中外十大思潮的特点与走向——本年度十大思潮调查结果与简要分析》一文指出，各类热点事件发生、发展、演变的背后往往是不同的社会思潮在发生作用，尤其是党的十八大前后，各类思潮暗流涌动、激烈交锋。这些思潮包括：民族主义、创新马克思主义、新自由主义、拜物主义、普世价值论、极端主义、新儒家、民粹主义、道德相对主义、社会民主主义，等等。樊浩等人认为，在众多社会思潮中，尤其是"自由主义、功利主义、民主社会主义、女权主义、生态主义等思潮已经被人们熟知并对人们的思想产生了较大的影响"②。有学者进一步指出，"当下许多错误思潮和观点并不是以赤裸裸的反动话语表现出来，而是以价值观表现、文化消费、生活方式等隐蔽的方式悄然渗透而出"③。各种社会思潮碰撞、激荡，在一定程度上影响着人们的思想观念和价值取向，在一定程度上给我国的意识形态安全带来了挑战。

第一，"普世价值"思潮的影响。长期以来，一些西方国家把抽象的"自由""民主""人权"等价值观念伪装成"普世价值"，在世界范围内进行推销，对那些不听命、不顺从他们的国家，则极力进行打压。从本质上看，"普世价值"是西方为其统治全球的行动所提供的一种思想上的辩护。然而，西方

①习近平.高举中国特色社会主义伟大旗帜　为全面建设社会主义现代化国家而团结奋斗：在中国共产党第二十次全国代表大会上的报告 [M].北京：人民出版社，2022：45-46.

②樊浩，等.中国大众意识形态报告 [M].北京：中国社会科学出版社，2012：77.

③郑承军.理想信念的引领与建构：当代大学生的社会主义核心价值观研究　序[M].北京：清华大学出版社，2010：序6-7.

所谓"普世价值"，在他们自己的世界里都未能真正"普适"。种族歧视、劳资对立、金钱政治、贫富分化、社会撕裂、人权无保障等问题，在一些西方国家长期存在且愈演愈烈，与他们所标榜的"普世价值"形成鲜明对照，而这也越来越引发广大民众的不满。《2022 年美国民主情况》揭示："加利福尼亚公共政策研究所民调显示，加州选民普遍担忧美国民主正偏离正轨，其中 62%的选民认为美国正朝着错误方向发展，46% 对持不同政治观点的美国人合作解决分歧的前景感到悲观，52% 对当前美国民主的运作方式不满。"①尽管"普世价值"并不普适，但是国内仍有人奉西方理论、西方话语为金科玉律，不知不觉成了西方资本主义意识形态的吹鼓手。习近平强调："如果我们用西方资本主义价值体系来剪裁我们的实践，用西方资本主义评价体系来衡量我国发展，符合西方标准就行，不符合西方标准就是落后的陈旧的，就要批判、攻击，那后果不堪设想！"②党的思想舆论工作在坚持正面宣传为主的同时，绝不能忽视与错误舆论进行斗争。

第二，新自由主义思潮的影响。新自由主义公开主张中国在经济上实行私有化，在政治上实行资产阶级多党制和议会民主制，也就是美国式的"民主宪政"，而在思想文化上实行全盘西化。③简而言之，就是反对中国特色社会主义，主张走资本主义道路。这给人们的思想带来诸多迷惑和极大困扰，从而在一定程度上影响了人们对中国特色社会主义的道路自信、理论自信、制度自信和文化自信。中国青年，尤其是大学生群体，一直是西方敌对势力着力进行"西化"的重点对象。主张自由化的代表人物更加注重在高校争夺话语权，并不断利用各种新媒体提高影响力，他们极力美化和鼓吹西方的政治模式，对大学生的政治思想产生了重要影响。少数大学生甚至认为社会主义和资本主义没有本质的区别，甚至认为社会主义和资本主义正在或者以后会逐渐趋同。更为严重的是，"新自由主义以'经济人假设'为基础，大力宣扬'以个人价值为核心'，使不少年轻人相信应当把个人自由、个人价值和个人利益置于

---

①2022 年美国民主情况 [N]. 人民日报，2023-03-21.

②习近平. 习近平谈治国理政：第二卷 [M]. 北京：外文出版社，2017：327.

③李崇富. 自觉划清马克思主义同反马克思主义的界限 [J]. 高校理论战线，2010（02）.

最高地位"①。

第三，民主社会主义思潮的影响。民主社会主义与科学社会主义有着明显的区别，它的指导思想主张多元化，没有真正把马克思主义作为指导思想。它主要采用改良主义的社会发展手段，民主社会主义不仅不主张废除资本主义，而且表示要同资本主义共同生存，争取使资本主义社会更加民主化和人道化。虽然民主社会主义在瑞典等少数发达资本主义国家的社会福利实施方面取得了一定的成就，使人民得到了实惠，收入得到了提高，但是，民主社会主义的最根本目的，在于帮助资产阶级缓和社会矛盾，从而保证垄断资本的所有制和金融寡头的统治。就对民主社会主义的评价而言，一些人由于辩证思维不够成熟，只关注民主社会主义实施福利措施的一面，而没能看清它的实质。

第四，历史虚无主义思潮的影响。一直以来，历史虚无主义通过传统媒介与现代新媒体网络的双重传播渠道，夸大我国社会发展过程中的阶段性问题，丑化我们党的光荣历史。一些人打着"重评历史"的幌子，抹黑英雄，诋毁革命领袖，就是要通过混淆视听，从根本上否定马克思主义的主导地位，否定中国走向社会主义的历史必然性，进而针对中国共产党的领导。历史虚无主义给一些人带来的消极影响，首先会逐步淡化他们的政治情感。当前，我国社会经济、政治、文化、生态等各个领域都取得了长足进步，但由于经济社会改革已进入深水区，加之社会转型带来的阵痛，在社会上难免会产生一些不良现象，历史虚无主义者就趁机渗透到新媒体传播中，调侃、诋毁国家和各级政府行为，使得一些人对社会主义制度的政治情感逐渐淡化，不断消解马克思主义意识形态的吸引力、影响力。其次，历史虚无主义在本质上是一种唯心主义历史观，它在一定程度上影响人们树立正确的党史观，进而动摇他们对中国特色社会主义的信念和对中国共产党的信任感。习近平强调："中国共产党人不是历史虚无主义者，也不是文化虚无主义者。"②面对历史虚无主义的消极影响，必须引导广大人民群众树立大历史观和正确党史观，通过真正理解历史，增强

---

① 赵汇,谭虎娃.审视全球金融危机下新自由主义对我国的影响[J].思想理论教育导刊，2009（09）.

② 习近平.在纪念孔子诞辰2565周年国际学术研讨会暨国际儒学联合会第五届会员大会开幕会上的讲话[M].北京：人民出版社，2014：13.

历史自觉和历史自信。

除了上述社会思潮的影响，拜金主义、享乐主义、极端个人主义也为人们的价值观带来诸多消极影响。习近平曾指出："其中比较突出的一个问题就是一些人价值观缺失，观念没有善恶，行为没有底线，什么违反党纪国法的事情都敢干，什么缺德的勾当都敢做，没有国家观念、集体观念、家庭观念，不讲对错，不问是非，不知美丑，不辨香臭，浑浑噩噩，穷奢极欲。"①他还提到当前社会所出现种种问题的病根，而且强调，如果不重视和解决这些问题，就会影响我们社会主义事业的顺利发展。可见，随着经济发展和社会进步，人们的独立意识、竞争意识和效率意识得以快速提升，但是，如果不同时提高人们的思想素养和道德素养，那么就可能导致一些错误思想观念在社会上滋长和蔓延。

面对国内社会思想观念日趋活跃、主流和非主流并存的新形势，党的十八大指出，要"牢牢掌握意识形态工作领导权和主导权，坚持正确导向，提高引导能力，壮大主流思想舆论"②。党的十九大也要求牢牢掌握意识形态工作领导权，因为"意识形态决定文化前进方向和发展道路"③。党的二十大进一步强调："意识形态工作是为国家立心、为民族立魂的工作。牢牢掌握党对意识形态工作领导权，全面落实意识形态工作责任制，巩固壮大奋进新时代的主流思想舆论。"④早在2013年全国宣传思想工作会议上，习近平就指出："在事关大是大非和政治原则问题上，必须增强主动性、掌握主动权、打好主动仗，帮助干部群众划清是非界限、澄清模糊认识。"⑤只有牢牢掌握意识形态

---

①习近平.在文艺工作座谈会上的讲话 [N].人民日报，2015-10-15.

②中共中央文献研究室.十八大以来重要文献选编：上 [M].北京：中央文献出版社，2014：25.

③习近平.决胜全面建成小康社会　夺取新时代中国特色社会主义伟大胜利：在中国共产党第十九次全国代表大会上的报告 [M].北京：人民出版社，2017：41.

④习近平.高举中国特色社会主义伟大旗帜　为全面建设社会主义现代化国家而团结奋斗：在中国共产党第二十次全国代表大会上的报告 [M].北京：人民出版社，2022：43.

⑤习近平在全国宣传思想工作会议上强调　胸怀大局把握大势着眼大事　努力把宣传思想工作做得更好 [N].人民日报，2013-08-21.

话语权，有效帮助干部群众澄清模糊认识，才能巩固好马克思主义在意识形态领域的指导地位，从而巩固好全党全国人民团结奋斗的共同思想基础。而壮大主流思想舆论，做好意识形态工作，是宣传思想部门的重要责任。一方面，在新形势下，理论工作者要继续坚持以马克思主义为指导，不断引导人民群众真懂真信马克思主义。正如习近平所说："只有真正弄懂了马克思主义，才能在揭示共产党执政规律、社会主义建设规律、人类社会发展规律上不断有所发现、有所创造，才能更好识别各种唯心主义观点、更好抵御各种历史虚无主义谬论。"[①]另一方面，理论工作者应当积极占领宣传思想阵地，做到守土有责、守土负责、守土尽责。当前社会思想舆论领域有"三个地带"，我们应当针对不同"地带"的特征采取不同的应对策略。"红色地带是我们的主阵地，一定要守住；黑色地带主要是负面的东西，要敢抓敢管、敢于亮剑，大大压缩其地盘；灰色地带要大张旗鼓争取，使其转化为红色地带。"[②]除此之外，我们还要紧跟社会信息化这一潮流，通过创新内容和载体，改进方式和方法，与时俱进地做好网上舆论工作，进而有效"弘扬主旋律，激发正能量，大力培育和践行社会主义核心价值观，把握好网上舆论引导的时、度、效，使网络空间清朗起来"[③]。党的十九大报告指出："落实意识形态工作责任制，加强阵地建设和管理，注意区分政治原则问题、思想认识问题、学术观点问题，旗帜鲜明反对和抵制各种错误观点。"[④]党的二十大报告进一步强调，要巩固壮大奋进新时代的主流思想舆论。

### 3. 发展不平衡不充分问题仍然突出

党的十八大以来，人民群众的生活水平得到明显提高。党的二十大报告指出："我们深入贯彻以人民为中心的发展思想，在幼有所育、学有所教、劳有

---

① 习近平.在哲学社会科学工作座谈会上的讲话[N].人民日报，2016-05-19.

② 中共中央宣传部.习近平总书记系列重要讲话读本[M].北京：学习出版社，人民出版社，2016：196.

③ 习近平.习近平谈治国理政[M].北京：外文出版社，2014：198.

④ 习近平.决胜全面建成小康社会 夺取新时代中国特色社会主义伟大胜利：在中国共产党第十九次全国代表大会上的报告[M].北京：人民出版社，2017：42.

所得、病有所医、老有所养、住有所居、弱有所扶上持续用力,人民生活全方位改善。"①与此同时,改革开放进入深水区,经济发展进入新常态,当前我国社会发展不平衡不充分问题仍然突出。

习近平经常强调:"改革开放是决定当代中国命运的关键一招,也是决定实现'两个一百年'奋斗目标、实现中华民族伟大复兴的关键一招。"②"中国人民的面貌、社会主义中国的面貌、中国共产党的面貌能发生如此深刻的变化,我国能在国际社会赢得举足轻重的地位,靠的就是坚持不懈推进改革开放。"③然而,在国内外环境深刻变化的新形势下,我国发展还面临一些矛盾和问题,这些矛盾涉及范围较为广泛,包括发展中的不平衡、不协调、不可持续问题,居民收入分配的差距问题,关系群众切身利益的社会矛盾问题,等等。可见,全面深化改革任重道远。正如习近平强调:"中国改革经过 30 多年,已进入深水区,可以说,容易的、皆大欢喜的改革已经完成了,好吃的肉都吃掉了,剩下的都是难啃的硬骨头。"④只有以"敢于啃硬骨头,敢于涉险滩"的勇气打好全面深化改革攻坚战,不断推进国家治理体系和治理能力现代化,才能逐步解决改革进入攻坚期和深水区所面临的矛盾和问题。习近平在《切实把思想统一到党的十八届三中全会精神上来》中,就贯彻落实党的十八届三中全会精神做出了具体指示。其一,明确全面深化改革的总目标,即"完善和发展中国特色社会主义制度,推进国家治理体系和治理能力现代化"。习近平指出:"推进国家治理体系和治理能力现代化,就是要适应时代变化,既改革不适应实践发展要求的体制机制、法律法规,又不断构建新的体制机制、法律法规,使各方面制度更加科学、更加完善,实现党、国家、社会各项事务

①习近平.高举中国特色社会主义伟大旗帜 为全面建设社会主义现代化国家而团结奋斗:在中国共产党第二十次全国代表大会上的报告 [M].北京:人民出版社,2022:10.

②习近平.关于《中共中央关于全面深化改革若干重大问题的决定》的说明 [N].人民日报,2013-11-16.

③习近平.关于《中共中央关于全面深化改革若干重大问题的决定》的说明 [N].人民日报,2013-11-16.

④习近平接受俄罗斯电视台专访 [N].人民日报,2014-02-09.

治理制度化、规范化、程序化。"①其二，明确全面深化改革的目的和条件，即"进一步解放思想、进一步解放和发展社会生产力、进一步解放和增强社会活力"②。其中，解放思想是解放社会生产力和增强社会活力的前提，而解放社会生产力和增强社会活力则是解放思想的必然结果和重要基础。其三，明确全面深化改革的重点在发挥经济体制改革的牵引作用。"在全面深化改革中，我们要坚持以经济体制改革为主轴，努力在重要领域和关键环节改革上取得新突破，以此牵引和带动其他领域改革，使各方面改革协同推进、形成合力，而不是各自为政、分散用力。"③其四，明确全面深化改革要坚持社会主义市场经济改革方向。在这一点上，"核心问题是处理好政府和市场的关系，使市场在资源配置中起决定性作用和更好发挥政府作用"④。其五，明确全面深化改革的出发点和落脚点是"促进社会公平正义、增进人民福祉"。改革如果不能给百姓带来实惠，不能创造公平正义的环境，就会影响全面深化改革的进一步推进，所以习近平强调，在做大"蛋糕"的同时还要把"蛋糕"分好，使改革成果更多更好地惠及全体人民。其六，明确要紧紧依靠人民推动改革。"得众则得国，失众则失国"，坚持人民立场，始终与人民保持血肉联系，是党战胜一切困难险阻的根本保证。同样地，全面深化改革，也必须尊重人民主体地位，充分发挥人民的主动性和积极性，以此凝聚最广大人民的智慧和力量，同人民一道把改革推向前进。党的十九大报告指出："必须始终把人民利益摆在至高无上的地位，让改革发展成果更多更公平惠及全体人民，朝着实现全体人

---

① 习近平.切实把思想统一到党的十八届三中全会精神上来[N].人民日报，2014-01-01.

② 习近平.切实把思想统一到党的十八届三中全会精神上来[N].人民日报，2014-01-01.

③ 习近平.切实把思想统一到党的十八届三中全会精神上来[N].人民日报，2014-01-01.

④ 习近平.切实把思想统一到党的十八届三中全会精神上来[N].人民日报，2014-01-01.

民共同富裕不断迈进。"①党的二十大报告强调："中国式现代化是全体人民共同富裕的现代化。共同富裕是中国特色社会主义的本质要求，也是一个长期的历史过程。我们坚持把实现人民对美好生活的向往作为现代化建设的出发点和落脚点，着力维护和促进社会公平正义，着力促进全体人民共同富裕，坚决防止两极分化。"②

党的二十大报告指出，当前我国推进高质量发展还有许多卡点瓶颈，这是经济建设所面临的主要困难和问题之一。党的十八大以来，我国经济发展进入新常态，是党中央综合分析国际国内经济发展形势所做出的重大战略判断，这一新常态是不以人的意志为转移的必然趋势。习近平指出："谋划和推动'十三五'时期我国经济社会发展，就要把适应新常态、把握新常态、引领新常态作为贯穿发展全局和全过程的大逻辑。"③全面把握新常态这一趋势，需要我们从历史和现实两个角度去思考。从历史的角度看，"我国经济发展历程中新状态、新格局、新阶段总是在不断形成，经济发展新常态是这个长过程的一个阶段"④。西方国家用了几百年走过的历程，我们仅仅用了几十年时间就走完了，这是世界经济发展的一个奇迹。然而，我们在当前的发展中也面临着新问题："经济发展面临结构调整节点，低端产业产能过剩要集中消化，中高端产业要加快发展，过去生产什么都赚钱、生产多少都能卖出去的情况不存在了。"⑤从现实的角度看，"我国出口优势和参与国际产业分工模式面临新

---

①习近平.决胜全面建成小康社会　夺取新时代中国特色社会主义伟大胜利：在中国共产党第十九次全国代表大会上的报告 [M].北京：人民出版社，2017：45.

②习近平.高举中国特色社会主义伟大旗帜　为全面建设社会主义现代化国家而团结奋斗：在中国共产党第二十次全国代表大会上的报告 [M].北京：人民出版社，2022：22.

③习近平.在省部级主要领导干部学习贯彻党的十八届五中全会精神专题研讨班上的讲话 [N].人民日报，2016-05-10.

④习近平.在省部级主要领导干部学习贯彻党的十八届五中全会精神专题研讨班上的讲话 [N].人民日报，2016-05-10.

⑤习近平.在省部级主要领导干部学习贯彻党的十八届五中全会精神专题研讨班上的讲话 [N].人民日报，2016-05-10.

挑战，经济发展新常态是这种变化的体现"①。这意味着我们不太可能继续维持出口高增长的态势，而必须依赖创新驱动和扩大内需来拉动经济增长。在新常态下，虽然我国经济面临较大压力，但是仍然处于发展的重要战略机遇期，"经济发展长期向好的基本面没有变，经济韧性好、潜力足、回旋空间大的基本特质没有变，经济持续增长的良好支撑基础和条件没有变，经济结构调整优化的前进态势没有变"②。所以，我们应当在把握新常态基本特征的基础上，坚持以经济建设为中心，"坚持以新发展理念引领经济发展新常态，破解发展难题，厚植发展优势"③，与时俱进推动经济发展迈上新台阶，为发展中国特色社会主义奠定强大物质基础。具体而言，引领经济发展新常态，首先要深入理解创新、协调、绿色、开放、共享的发展理念，进而在新发展理念的指引下更加注重提高经济发展质量和效益。正如习近平所说："党的十八届五中全会提出创新、协调、绿色、开放、共享的发展理念，是针对我国经济发展进入新常态、世界经济复苏低迷开出的药方。"④其次，在资源配置中，应当正确认识市场和政府的关系，"要更加注重使市场在资源配置中起决定性作用，政府要集中力量办好市场办不了的事"⑤，而不能将两者对立或割裂开来，"既不能用市场在资源配置中的决定性作用取代甚至否定政府作用，也不能用更好发挥政府作用取代甚至否定使市场在资源配置中起决定性作用"⑥。党的二十大报告强调："坚持和完善社会主义基本经济制度，毫不动摇巩固和发展公有制经济，毫不动摇鼓励、支持、引导非公有制经济发展，充分发挥市场在

①习近平.在省部级主要领导干部学习贯彻党的十八届五中全会精神专题研讨班上的讲话[N].人民日报，2016-05-10.

②习近平.在省部级主要领导干部学习贯彻党的十八届五中全会精神专题研讨班上的讲话[N].人民日报，2016-05-10.

③习近平.在纪念红军长征胜利80周年大会上的讲话[N].人民日报，2016-10-22.

④习近平在重庆调研时强调 落实创新协调绿色开放共享发展理念 确保如期实现全面建成小康社会目标[N].人民日报，2016-01-07.

⑤中共中央宣传部.习近平总书记系列重要讲话读本[M].北京：学习出版社，人民出版社，2016：145.

⑥习近平.习近平谈治国理政[M].北京：外文出版社，2014：117.

资源配置中的决定性作用，更好发挥政府作用。"①最后，要保障和改善民生，"在整个发展过程中，都要注重民生、保障民生、改善民生，让改革发展成果更多更公平惠及广大人民群众，使人民群众在共建共享发展中有更多获得感"②。特别要着眼于解决人民群众最直接最现实的利益问题，想方设法满足群众日益多样化的民生需求，使民生得到基本保障，扎实推进共同富裕。

### 4.铲除腐败滋生土壤任务仍然艰巨

中国共产党是中国特色社会主义事业的坚强领导核心，这种崇高的地位，不是党赋予自己的，而是历史和人民的选择。习近平对此总结道："历史告诉我们，没有先进理论的指导，没有用先进理论武装起来的先进政党的领导，没有先进政党顺应历史潮流、勇担历史重任、敢于作出巨大牺牲，中国人民就无法打败压在自己头上的各种反动派，中华民族就无法改变被压迫、被奴役的命运，我们的国家就无法团结统一、在社会主义道路上走向繁荣富强。"③中国共产党之所以能够带领人民群众取得如此巨大的成就，一个重要的原因就在于它能够与时俱进地保持先进性和纯洁性，能够从始至终自觉地意识到："党的先进性和党的执政地位都不是一劳永逸、一成不变的，过去先进不等于现在先进，现在先进不等于永远先进；过去拥有不等于现在拥有，现在拥有不等于永远拥有。"④党的十八大以来，我们党继续保持高度的理论自觉性，把全面从严治党纳入"四个全面"战略布局，"采取一系列新的举措加大管党治党力度，坚持正风肃纪、标本兼治，严明政治纪律和政治规矩，坚决遏制腐败蔓

①习近平.高举中国特色社会主义伟大旗帜　为全面建设社会主义现代化国家而团结奋斗：在中国共产党第二十次全国代表大会上的报告 [M]. 北京：人民出版社，2022：29.

②习近平在重庆调研时强调　落实创新协调绿色开放共享发展理念　确保如期实现全面建成小康社会目标 [N]. 人民日报，2016-01-07.

③习近平.在庆祝中国共产党成立95周年大会上的讲话 [N]. 人民日报，2016-07-02.

④习近平．习近平谈治国理政 [M]. 北京：外文出版社，2014：367.

延势头，着力构建不敢腐、不能腐、不想腐的体制机制"①。习近平向全党和全国各族人民宣告："党中央坚定不移反对腐败的决心没有变，坚决遏制腐败现象蔓延势头的目标没有变。"②全面从严治党所采取的一系列新举措，解决了当前党内的一些突出问题，不仅使党内政治生态明显好转，而且赢得了人民群众的高度认同。与此同时，我们也看到，在世情、国情、党情深刻变化的形势下，"精神懈怠危险、能力不足危险、脱离群众危险、消极腐败危险更加尖锐地摆在全党面前"③。习近平将当前党内出现的一些突出矛盾和问题总结为："在一些党员、干部包括高级干部中，理想信念不坚定、对党不忠诚、纪律松弛、脱离群众、独断专行、弄虚作假、庸懒无为，个人主义、分散主义、自由主义、好人主义、宗派主义、山头主义、拜金主义不同程度存在，形式主义、官僚主义、享乐主义和奢靡之风问题突出，任人唯亲、跑官要官、买官卖官、拉票贿选现象屡禁不止，滥用权力、贪污受贿、腐化堕落、违法乱纪等现象滋生蔓延。"④尤其是极少数高级干部政治野心膨胀、权欲熏心，严重侵蚀党的思想道德基础，严重损害党在人民群众中的形象。

由上可见，全面从严治党向纵深推进，党面临的风险和考验集中显现，这要求我们在不断提高领导和执政能力的同时，要着重增强拒腐防变和抵御风险的能力。如果治党不严，不及时解决党内突出的问题，那么我们党就极有可能失去执政的资格，被历史和人民所淘汰。"只有坚持党要管党、从严治党，以改革创新精神推进党的建设，才能更好经受住执政考验、改革开放考验、市场经济考验、外部环境考验，更好战胜精神懈怠危险、能力不足危险、脱离群众

①习近平.关于《关于新形势下党内政治生活的若干准则》和《中国共产党党内监督条例》的说明 [N].人民日报，2016-11-03.

②习近平.在第十八届中央纪律检查委员会第六次全体会议上的讲话[N].人民日报，2016-05-03.

③习近平.习近平谈治国理政 [M].北京：外文出版社，2014：368.

④习近平.关于《关于新形势下党内政治生活的若干准则》和《中国共产党党内监督条例》的说明 [N].人民日报，2016-11-03.

危险、消极腐败危险。"①对此，习近平在 2016 年年初的中国共产党第十八届中央纪律检查委员会第六次全体会议上对 2016 年党风廉政建设和反腐败工作做出了总体要求，"着力解决群众身边的不正之风和腐败问题，坚决遏制腐败蔓延势头，建设忠诚干净担当的纪检监察队伍，不断取得党风廉政建设和反腐败斗争新成效"②。进而习近平强调："要把党内存在的突出矛盾和问题解决好，要有效化解党面临的重大挑战和危险，很重要的一条就是要完善规范、健全制度，扎紧制度的笼子，既使已经发生的突出矛盾和问题得到更加深入有效的解决，又有效防范新的矛盾和问题滋生蔓延、有效防范已经解决的矛盾和问题反弹复发。"③为此，党中央制定《关于新形势下党内政治生活的若干准则》和《中国共产党党内监督条例》，不断将全面从严治党规范化、制度化。党的十九大报告强调："要坚持无禁区、全覆盖、零容忍，坚持重遏制、强高压、长震慑，坚持受贿行贿一起查，坚决防止党内形成利益集团。在市县党委建立巡察制度，加大整治群众身边腐败问题力度。"④党的二十大报告进一步强调："以零容忍态度反腐惩恶，更加有力遏制增量，更加有效清除存量，坚决查处政治问题和经济问题交织的腐败，坚决防止领导干部成为利益集团和权势团体的代言人、代理人，坚决治理政商勾连破坏政治生态和经济发展环境问题，决不姑息。"⑤只有如此，才能铲除腐败滋生的土壤，打赢反腐败斗争攻坚战持久战。

---

①中共中央宣传部.习近平总书记系列重要讲话读本[M].北京：学习出版社,人民出版社, 2016：105.

②习近平.在第十八届中央纪律检查委员会第六次全体会议上的讲话[N].人民日报, 2016-05-03.

③习近平.关于《关于新形势下党内政治生活的若干准则》和《中国共产党党内监督条例》的说明[N].人民日报, 2016-11-03.

④习近平.决胜全面建成小康社会 夺取新时代中国特色社会主义伟大胜利：在中国共产党第十九次全国代表大会上的报告[M].北京：人民出版社, 2017：67.

⑤习近平.高举中国特色社会主义伟大旗帜 为全面建设社会主义现代化国家而团结奋斗：在中国共产党第二十次全国代表大会上的报告[M].北京：人民出版社, 2022：69.

# 三、新时代马克思主义大众化的目标任务

明确新时代马克思主义大众化的目标任务是顺利开展工作并取得预期实效的基本前提。它规定了马克思主义大众化的基本内容，反映了马克思主义大众化的基本方向和要求。当前，马克思主义大众化的基本目标和任务，就在于用马克思主义理论武装全党和教育人民群众，使马克思主义与人民群众的实践活动有机结合起来，逐渐增强全党和广大群众的马克思主义理论自信，在坚定中国特色社会主义共同理想的基础上，树立共产主义远大理想。除此之外，不断提高解决我国改革发展基本问题的本领，也是新时代马克思主义大众化的重要任务。

## （一）用马克思主义理论武装全党和教育群众

习近平指出："马克思主义揭示了事物的本质、内在联系及发展规律，是'伟大的认识工具'，是人们观察世界、分析问题的有力思想武器。"[①]那么，要提高人们观察世界、分析和解决问题的能力，首先要引导人们认识这一"思想武器"。换句话说，实现马克思主义大众化，必须用马克思主义理论武装全党和教育群众的头脑，不断提高全党的马克思主义思想觉悟和理论水平，并教育引导广大人民群众更好地认知、理解和接受马克思主义理论，使它真正

---

① 习近平.在哲学社会科学工作座谈会上的讲话 [N].人民日报，2016-05-19.

成为指导行为的思想武器。

## 1. 用党的创新理论武装全党

马克思主义是真理，是指导我们进行社会主义革命和建设的根本指导思想。恩格斯指出，马克思的研究成果之所以具有科学性，就在于它说明了"资本主义生产方式的历史联系和它在一定历史时期存在的必然性，从而说明它灭亡的必然性"[①]。而列宁强调，马克思从来不主观臆断任何事情，"马克思提出共产主义的问题，正像一个自然科学家已经知道某一新的生物变种是怎样产生以及朝着哪个方向演变才提出该生物变种的发展问题一样"[②]。正因为马克思主义有着深厚的科学理论根基，所以邓小平预言："我坚信，世界上赞成马克思主义的人会多起来的，因为马克思主义是科学。"[③]当前，我们只有不断提高全党马克思主义思想觉悟和理论水平，才能为马克思主义大众化工作奠定坚实的组织基础。

2013年12月，中共中央政治局第十一次集体学习以历史唯物主义基本原理和方法论为主题，而在2015年1月，中共中央政治局第二十次集体学习以辩证唯物主义基本原理和方法论为主题。"安排这两次学习，目的是推动我们对马克思主义哲学有更全面、更完整的了解。"[④]从思想上建党，"其中十分重要的一条就是坚持用马克思主义哲学教育和武装全党"[⑤]，这是中国共产党一以贯之的优良传统，是保持党的先进性和纯洁性的重要方针。对此，习近平总结道："在革命、建设、改革各个历史时期，我们党运用历史唯物主义，系

---

① 中共中央马克思恩格斯列宁斯大林著作编译局编译.马克思恩格斯文集：第3卷[M].北京：人民出版社，2009：545.

② 中共中央马克思恩格斯列宁斯大林著作编译局编.列宁专题文集：论社会主义[M].北京：人民出版社，2009：25.

③ 邓小平.邓小平文选：第3卷[M].北京：人民出版社，1993：382.

④ 习近平在中共中央政治局第二十次集体学习时强调 坚持运用辩证唯物主义世界观方法论 提高解决我国改革发展基本问题本领[N].人民日报，2015-01-25.

⑤ 习近平在中共中央政治局第十一次集体学习时强调 推动全党学习和掌握历史唯物主义 更好认识规律更加能动地推进工作[N].人民日报，2013-12-05.

统、具体、历史地分析中国社会运动及其发展规律，在认识世界和改造世界过程中不断把握规律、积极运用规律，推动党和人民事业取得了一个又一个胜利。"①

具体而言，用马克思主义教育和武装全党，提高党员的思想觉悟和理论水平，一方面要抓好理论学习，自觉学习马克思列宁主义、毛泽东思想，特别是邓小平理论、"三个代表"重要思想、科学发展观和习近平新时代中国特色社会主义思想，学会用马克思主义立场、观点、方法观察和解决问题，而"领导干部特别是高级干部要把系统掌握马克思主义基本理论作为看家本领"②。在理论学习的过程中，不能碎片化、随意化，也不能三天打鱼、两天晒网，更不能为了装点门面浅尝辄止、不求甚解。"要深入学、持久学、刻苦学，带着问题学、联系实际学，更好把科学思想理论转化为认识世界、改造世界的强大物质力量。"③另一方面，全体党员应当通过学习马克思主义，不断提高对错误思想、错误思潮的免疫力。习近平曾指出："国内外有些舆论提出中国现在搞的究竟还是不是社会主义的疑问，有人说是'资本社会主义'，还有人干脆说是'国家资本主义''新官僚资本主义'。"④这些观点都是相当错误的。列宁有一个论断："马克思主义的发展、马克思主义思想在工人阶级中的传播和扎根，必然使资产阶级对马克思主义的这种攻击更加频繁，更加剧烈。"⑤对于当代中国，这个论断仍然具有重要的现实意义。这是因为，以美国为首的西方国家从未放弃对我国和平演变的图谋和行动，尤其在当前，新自由主义、民主社会主义、历史虚无主义等错误思潮，在一些社会领域极具影响力。这些错

①习近平在中共中央政治局第十一次集体学习时强调　推动全党学习和掌握历史唯物主义　更好认识规律更加能动地推进工作 [N]. 人民日报，2013-12-05.

②习近平在全国宣传思想工作会议上强调　胸怀大局把握大势着眼大事　努力把宣传思想工作做得更好 [N]. 人民日报，2013-08-21.

③习近平. 在纪念马克思诞辰200周年大会上的讲话 [M]. 北京：人民出版社，2018：26.

④中共中央文献研究室. 十八大以来重要文献选编：上 [M]. 北京：中央文献出版社，2014：110.

⑤中共中央马克思恩格斯列宁斯大林著作编译局编. 列宁专题文集：论马克思主义 [M]. 北京：人民出版社，2009：148.

误思潮的基本点是宣扬资产阶级自由化，"公开主张中国在经济上实行'私有化'（所谓'人间正道私有化'）；在政治上实行资产阶级'多党制'和议会民主制（美国式的'民主宪政'）；在思想文化上实行'全盘西化'（所谓'回归西方文明主流'和'普世价值'）"①。一言以蔽之，这些错误言论就是主张中国走资本主义道路。全党学习马克思主义，很重要的一点，就是要能旗帜鲜明地对错误思想和错误思潮亮剑，维护好马克思主义的权威，"增强理论自信和战略定力，对经过反复实践和比较得出的正确理论，要坚定不移坚持"②。

党的二十大报告指出："坚持理论武装同常态化长效化开展党史学习教育相结合，引导党员、干部不断学史明理、学史增信、学史力行，传承红色基因，赓续红色命脉。"③中国共产党始终重视党史学习教育，坚持理论武装同常态化长效化开展党史学习教育相结合，可以更有效地用党的光荣传统和优良作风坚定信念、凝聚力量，更好地明确未来的前进方向。正是在这个意义上，习近平强调党的历史是最生动、最有说服力的教科书。

### 2. 用党的创新理论武装群众

习近平总书记在纪念马克思诞辰 200 周年大会上的讲话中指出："先进的思想文化一旦被群众掌握，就会转化为强大的物质力量；反之，落后的、错误的观念如果不破除，就会成为社会发展进步的桎梏。"④所以，帮助群众理解和接受马克思主义理论，并把它转化为广大党员和人民大众的思想武器与行动指南，是马克思主义大众化的重要任务之一。一方面，要通过耐心细致的宣传解读以及潜移默化的熏陶感化，逐渐使人民群众了解和认同马克思主义。在这个过程中，应当着重把深刻的马克思主义理论转化为人民群众的语言，并通过

---

① 李崇富. 自觉划清马克思主义同反马克思主义的界限 [J]. 高校理论战线, 2010( 02 ).

② 习近平在中共中央政治局第二十次集体学习时强调　坚持运用辩证唯物主义世界观方法论　提高解决我国改革发展基本问题本领 [N]. 人民日报, 2015-01-25.

③ 习近平. 高举中国特色社会主义伟大旗帜　为全面建设社会主义现代化国家而团结奋斗：在中国共产党第二十次全国代表大会上的报告 [M]. 北京：人民出版社, 2022: 65.

④ 习近平. 在纪念马克思诞辰200周年大会上的讲话 [M]. 北京：人民出版社, 2018: 19.

群众喜闻乐见的形式传播开来。正如毛泽东所说，就像射箭要看靶子，弹琴要看听众一样，"共产党员如果真想做宣传，就要看对象，就要想一想自己的文章、演说、谈话、写字是给什么人看、给什么人听的"①。所以，推动马克思主义大众化，就要"树立以人民为中心的工作导向，把服务群众同教育引导群众结合起来，把满足需求同提高素养结合起来"②。另一方面，要帮助人们澄清社会上对马克思主义的模糊认识。当前我国既面对世界范围思想文化交流交融交锋形势下价值观较量的新态势，又面对改革开放和发展社会主义市场经济条件下思想意识多元多样多变的新特点。在人们日益多样化的思想观念中，有些观念体现了我们的民族精神和时代精神，并与马克思主义有一定的契合性；但是也有不少思想观念传播社会负能量，并在一定程度上与马克思主义相违背。列宁在其著作《怎么办？》中曾深刻指出："对社会主义思想体系的任何轻视和任何脱离，都意味着资产阶级思想体系的加强。"③这说明，在意识形态领域这块重要阵地，如果马克思主义不去主动占领，资本主义就必然想方设法去占领。20 世纪 80 年代末 90 年代初苏联解体和东欧剧变表明，脱离和背叛以马克思主义为指导的意识形态，最终会导致社会主义失败。因此，在新时代加强和改进马克思主义大众化工作，就要不断帮助人们理解和认同马克思主义理论，由此"巩固马克思主义在意识形态领域的指导地位，巩固全党全国人民团结奋斗的共同思想基础"④。所以党的十九大报告指出："要加强理论武装，推动新时代中国特色社会主义思想深入人心。"⑤党的二十大报告则进一步强调要健全理论武装的体系。

---

① 毛泽东. 毛泽东选集：第 3 卷 [M]. 北京：人民出版社，1991：836.

② 习近平在全国宣传思想工作会议上强调　胸怀大局把握大势着眼大事　努力把宣传思想工作做得更好 [N]. 人民日报，2013-08-21.

③ 中共中央马克思恩格斯列宁斯大林著作编译局编译. 列宁专题文集：论无产阶级政党 [M]. 北京：人民出版社，2009：85.

④ 习近平在全国宣传思想工作会议上强调　胸怀大局把握大势着眼大事　努力把宣传思想工作做得更好 [N]. 人民日报，2013-08-21.

⑤ 习近平. 决胜全面建成小康社会　夺取新时代中国特色社会主义伟大胜利：在中国共产党第十九次全国代表大会上的报告 [M]. 北京：人民出版社，2017：41.

## （二）在全社会树立远大理想和共同理想

习近平在 2016 年的七一讲话中强调："坚持不忘初心、继续前进，就要牢记我们党从成立起就把为共产主义、社会主义而奋斗确定为自己的纲领，坚定共产主义远大理想和中国特色社会主义共同理想，不断把为崇高理想奋斗的伟大实践推向前进。"[①]《中共中央关于党的百年奋斗重大成就和历史经验的决议》进一步指出："马克思主义信仰、共产主义远大理想、中国特色社会主义共同理想，是中国共产党人的精神支柱和政治灵魂，也是保持党的团结统一的思想基础。"[②]因为坚定理想信念具有指引方向、凝心聚力的重大作用，所以理想信念教育历来是马克思主义大众化的重要任务。

### 1. 理想信念是共产党精神上的"钙"

"中国共产党之所以叫共产党，就是因为从成立之日起我们党就把共产主义确立为远大理想。"[③]历史地看，无论是在社会主义革命时期，还是在社会主义建设时期，中国共产党一直把理想信念教育作为从思想上建党的关键举措。

在民主革命时期，毛泽东就强调，新民主主义革命是过渡到社会主义和共产主义的一个阶段，共产党人应当以社会主义和共产主义为理想，在中国共产党的政治经济纲领中，"其最高的纲领是社会主义和共产主义"[④]。刘少奇进一步表述了共产党人的理想的内涵，他指出"我们的责任，就是要遵循人类社会发展的规律，推动社会主义和共产主义事业不断前进，使社会主义和共产主义社会更快地实现。这就是我们的理想"[⑤]。改革开放之初，邓小平继续强调

---

① 习近平. 在庆祝中国共产党成立 95 周年大会上的讲话 [N]. 人民日报, 2016-07-02.

② 中共中央关于党的百年奋斗重大成就和历史经验的决议 [M]. 北京：人民出版社，2021：31.

③ 习近平. 在庆祝中国共产党成立 95 周年大会上的讲话 [N]. 人民日报, 2016-07-02.

④ 毛泽东. 毛泽东选集：第 1 卷 [M]. 北京：人民出版社，1991：259.

⑤ 刘少奇. 刘少奇选集：上卷 [M]. 北京：人民出版社，1981：123.

理想信念的重要性："为什么我们过去能在非常困难的情况下奋斗出来，战胜千难万险使革命胜利呢？就是因为我们有理想，有马克思主义信念，有共产主义信念。"①他提出有理想、有道德、有文化、有纪律的"四有"要求，其中就把有理想放在首位，之所以如此，是因为共同的理想和坚定的信念是团结人们的重要纽带，是支撑全体人民为自己的利益而进行几十年艰苦奋斗的精神动力。"没有这样的信念，就没有凝聚力。没有这样的信念，就没有一切。"②此外，邓小平还对资本主义和社会主义的价值追求进行了区分，"我们讲的是社会主义、共产主义理想，而他们却提倡资本主义理想"③。资本主义没有社会主义的共同理想，"这种状况是它们的弱点而不是强点，这使他们每个国家的力量不可能完全集中起来，很大一部分力量互相牵制和抵消"④。继邓小平之后的中共中央领导人江泽民、胡锦涛反复强调理想信念的重要性。党的十八大号召："广泛开展理想信念教育，把广大人民团结凝聚在中国特色社会主义伟大旗帜之下。"⑤党的十八大以来，以习近平同志为核心的党中央继续用理想信念这面旗帜，带领全国各族人民进行具有新的特点的伟大斗争。在2013年五一讲话中，习近平指出："我国工人阶级要牢固树立中国特色社会主义理想信念，坚定永远跟党走的信念，坚决拥护社会主义制度，坚决拥护改革开放，始终做坚持中国道路的柱石。"⑥2013年8月19日，在全国宣传思想工作会议上，习近平强调"要深入开展中国特色社会主义宣传教育，把全国各族人民团结和凝聚在中国特色社会主义伟大旗帜之下"⑦。2013年9月下旬，习近平指导河北省委常委班子专题民主生活会，他要求各级党委针对"四风"检

①邓小平.邓小平文选：第3卷[M].北京：人民出版社，1993：110.

②邓小平.邓小平文选：第3卷[M].北京：人民出版社，1993：190.

③邓小平.邓小平文选：第3卷[M].北京：人民出版社，1993：205.

④邓小平.邓小平文选：第2卷[M].北京：人民出版社，1994：267.

⑤中共中央文献研究室.十八大以来重要文献选编：上[M].北京：中央文献出版社，2014：25.

⑥习近平.在同全国劳动模范代表座谈时的讲话[N].人民日报，2013-04-29.

⑦习近平在全国宣传思想工作会议上强调 胸怀大局把握大势着眼大事 努力把宣传思想工作做得更好[N].人民日报，2013-08-21.

查出的突出问题提出整改要求，尤其"要坚定理想信念，切实解决好世界观、人生观、价值观这个'总开关'问题"①。2016年七一讲话，习近平提出八个"坚持不忘初心、继续前进"，其中就包括了不忘初心，继续坚定理想信念。

中共中央宣传部于2021年编写的《中国共产党的历史使命与行动价值》强调指出："100年来，党始终坚守共产主义、社会主义的理想信念，领导人民向着奋斗目标坚定前行，不但建立了社会主义，而且维护和发展了社会主义，在世界上高高举起了中国特色社会主义伟大旗帜，展示了社会主义的生机活力和美好前景。"②理想信念不仅在革命战争年代发挥了团结人民一致抗战的重要作用，而且在经济社会飞速发展的当代中国，仍然承担着凝聚社会思想共识、指引社会发展方向的艰巨使命。

### 2. 推动理想信念教育常态化制度化

由上可见，坚定理想信念是共产党人的安身立命之本，它一直是中国共产党思想建设的重中之重。习近平曾形象地指出："理想信念就是共产党人精神上的'钙'，没有理想信念，理想信念不坚定，精神上就会'缺钙'，就会得'软骨病'。"③一些干部之所以有作风问题、腐败行为，最根本的原因就是信仰迷茫、精神迷失。为此，习近平强调："我们要把理想信念教育作为思想建设的战略任务。"④

把理想信念教育作为思想建设的战略任务，是马克思主义理论发展的逻辑必然。一方面，马克思主义指出，共产主义运动是人类史无前例的创举，这是因为，它不仅要"同传统的所有制关系实行最彻底的决裂"，而且"要同传统的观念实行最彻底的决裂"⑤，所以，从事社会主义革命和建设必然会面临种

---

①习近平在指导河北省委常委班子专题民主生活会时强调 坚持用好批评和自我批评的武器 提高领导班子解决自身问题能力[N].人民日报，2013-09-26.

②中共中央宣传部.中国共产党的历史使命与行动价值[N].人民日报，2021-08-27.

③习近平.习近平谈治国理政[M].北京：外文出版社，2014：15.

④习近平.在庆祝中国共产党成立95周年大会上的讲话[N].人民日报，2016-07-02.

⑤中共中央马克思恩格斯列宁斯大林著作编译局编译.马克思恩格斯文集：第2卷[M].北京：人民出版社，2009：52.

种前所未有的困难，只有坚定的信念和顽强的毅力，才能支撑人们坚持不懈地为最终实现共产主义理想而奋斗。另一方面，马克思曾指出："统治阶级的思想在每一时代都是占统治地位的思想。这就是说，一个阶级是社会上占统治地位的物质力量，同时也是社会上占统治地位的精神力量。"①这就是说，作为社会主义社会领导力量的共产党，绝不能以资产阶级的意识形态作为指导思想和理想目标，而是要始终坚持共产主义远大理想和坚定社会主义共同理想。只有如此，才能为逐渐推动人类社会走向必然王国提供巨大的精神支撑和精神动力。

把理想信念教育作为思想建设的战略任务，更是现阶段凝聚社会思想共识的现实要求。当前，建设中国特色社会主义，就是实现第二个百年奋斗目标，为全面建设社会主义现代化国家而团结奋斗。作为中国特色社会主义的领导核心，中国共产党的精神状态对凝聚社会思想共识发挥不可或缺的重要引领作用。应当肯定，当前大多数党员干部有较为坚定的理想信念，向社会传递着正能量。与此同时，少部分党员信仰缺失，也应当引起我们高度重视。习近平总书记曾批评党内存在信仰缺失、精神迷失的问题，其中一些人"对共产主义心存怀疑，认为那是虚无缥缈、难以企及的幻想"，一些人"甚至向往西方社会制度和价值观念，对社会主义前途命运丧失信心"②；还有一些"两面人"问题，"公开场合要党员、干部坚定理想信念，背地里自己不敬苍生敬鬼神，笃信风水、迷信'大师'"③。习近平强调："对马克思主义的信仰，对社会主义和共产主义的信念，是共产党人的政治灵魂，是共产党人经受住任何考验的精神支柱。"④当前，"我国发展仍处于可以大有作为的重要战略机遇期，也

① 中共中央马克思恩格斯列宁斯大林著作编译局编译. 马克思恩格斯文集：第 1 卷 [M]. 北京：人民出版社，2009：550.

② 习近平. 习近平谈治国理政 [M]. 北京：外文出版社，2014：414.

③ 习近平. 在第十八届中央纪律检查委员会第六次全体会议上的讲话 [N]. 人民日报，2016-05-03.

④ 习近平. 习近平谈治国理政 [M]. 北京：外文出版社，2014：15.

面临诸多矛盾叠加、风险隐患增多的严峻挑战"①。在这个关键时期，如果党员干部不能坚持不懈地坚定共产主义远大理想和中国特色社会主义共同理想，就必然影响我们全面建设社会主义现代化国家。与此同时，我们应当认识到，理想信念不会自发产生，只有通过不断学习才能树立和坚定理想信念。所以，习近平指出，全党要通过老老实实、原原本本的学习，用马克思主义武装头脑，"把理想信念建立在对科学理论的理性认同上，建立在对历史规律的正确认识上，建立在对基本国情的准确把握上"②。在此基础上，不断把学习成果转化为自身的精神营养，"做到真学真懂真信真用，在胜利和顺境时不骄傲不急躁，在困难和逆境时不消沉不动摇，牢牢占据推动人类社会进步、实现人类美好理想的道义制高点"③。在加强党员干部理想信念教育的同时，也应当面向广大人民群众，在全社会持续深入开展理想信念教育，"不断增强道路自信、理论自信、制度自信，让理想信念的明灯永远在全国各族人民心中闪亮"④。党的二十大报告强调："推动理想信念教育常态化制度化，持续抓好党史、新中国史、改革开放史、社会主义发展史宣传教育，引导人民知史爱党、知史爱国，不断坚定中国特色社会主义共同理想。"⑤

## （三）提高解决我国改革发展基本问题的本领

马克思主义大众化，其落脚点在于将科学理论转化为物质力量，也就是要帮助人们运用好马克思主义理论解决实际问题。习近平指出，要实现"两个

①中华人民共和国国民经济和社会发展第十三个五年规划纲要[N].人民日报,2016-03-18.

②习近平.在同各界优秀青年代表座谈时的讲话[N].人民日报,2013-05-05.

③习近平.在庆祝中国共产党成立95周年大会上的讲话[N].人民日报,2016-07-02.

④习近平在会见第四届全国文明城市、文明村镇、文明单位和未成年人思想道德建设工作先进代表时强调 人民有信仰民族有希望国家有力量 锲而不舍抓好社会主义精神文明建设[N].人民日报,2015-03-01.

⑤习近平.高举中国特色社会主义伟大旗帜 为全面建设社会主义现代化国家而团结奋斗：在中国共产党第二十次全国代表大会上的报告[M].北京：人民出版社,2022:44.

一百年"目标，"必须不断接受马克思主义哲学智慧的滋养，更加自觉地坚持和运用辩证唯物主义世界观和方法论，增强辩证思维、战略思维能力，努力提高解决我国改革发展基本问题的本领"①。而提高解决实际问题的本领，就要帮助党员和群众掌握好科学的思想方法和工作方法。

### 1. 帮助党员和群众掌握科学的思维方法

列宁曾说，因为马克思学说正确、完备、严密，所以具有无限力量，"它给人们提供了决不同任何迷信、任何反动势力、任何为资产阶级压迫所作的辩护相妥协的完整的世界观"②。所以，广大党员和群众应当通过不断学习马克思主义，"提高战略思维、创新思维、辩证思维、底线思维能力"③，为科学判断形势、有效解决问题提供强大思想武器。

其一，学习和掌握战略思维。2003 年，习近平任浙江省委书记时，就曾对各级党政"一把手"提出要求，要善于站在战略的高度观察和处理问题，"要努力增强总揽全局的能力，放眼全局谋一域，把握形势谋大事，以'登东山而小鲁''登泰山而小天下'的气度和胸襟，始终把全局作为观察和处理问题的出发点和落脚点"④。2013 年年初，在十八届中共中央政治局第三次集体学习时，习近平强调，要"加强战略思维，增强战略定力，更好统筹国内国际两个大局"⑤。战略思维是着眼于全局和整体，分析思考事物发展总体趋势的思维方式。战略思维的强弱，在一定程度上决定着广大党员尤其是领导干部分析、思考改革发展问题的高度和广度。培育战略思维，应当在学习马克思主义立场观点方法的时候，突出整体性、系统性要求，尤其要密切联系不断发展创

①习近平在中共中央政治局第二十次集体学习时强调　坚持运用辩证唯物主义世界观方法论　提高解决我国改革发展基本问题本领 [N]. 人民日报，2015-01-25.

② 中共中央马克思恩格斯列宁斯大林著作编译局编 . 列宁专题文集：论马克思主义 [M]. 北京：人民出版社，2009：67.

③习近平 . 习近平谈治国理政 [M]. 北京：外文出版社，2014：417.

④习近平 . 之江新语 [M]. 杭州：浙江人民出版社，2007：20.

⑤习近平在中共中央政治局第三次集体学习时强调　更好统筹国内国际两个大局　夯实走和平发展道路的基础 [N]. 人民日报，2013-01-30.

新的中国化的马克思主义理论，系统学习和领会党中央治国理政的新思想新战略，以此指导自己的本职工作，不断解决实际问题。

其二，学习和掌握创新思维。习近平指出，"创新是民族进步的灵魂，是一个国家兴旺发达的不竭源泉，也是中华民族最深沉的民族禀赋"①。他一方面从历史的角度说明，"一个国家和民族的创新能力，从根本上影响甚至决定国家和民族前途命运"②，古代中国之所以取得举世瞩目的成就，同当时我国科技发明和不断创新息息相关，其中"四大发明"尤其为世界人民所津津乐道。"近代以来，我国逐渐由领先变为落后，一个重要原因就是我们错失了多次科技和产业革命带来的巨大发展机遇。"③另一方面，习近平强调创新对于推动社会进一步发展的现实意义。他指出，在五大发展理念中，我们把创新摆在第一位，是因为创新是发展的核心，是引领发展的第一动力，"是我们应对发展环境变化、增强发展动力、把握发展主动权，更好引领新常态的根本之策"④。所以，习近平形象地把创新比喻为牵动经济社会发展全局的"牛鼻子"，并强调，"谁在创新上先行一步，谁就能拥有引领发展的主动权"⑤。由此可见，在当前，学习和掌握创新思维，是帮助广大党员和群众提高解决问题能力的重要途径。习近平曾勉励广大青年："生活从不眷顾因循守旧、满足现状者，从不等待不思进取、坐享其成者，而是将更多机遇留给善于和勇于创新的人们。"⑥只有不断学习创新思维，才能更好推动国家、社会发展，才能更好地促进每一个人成长。党的二十大报告强调："我们要坚持教育优先发

---

① 习近平. 在同各界优秀青年代表座谈时的讲话 [N]. 人民日报，2013-05-05.

② 习近平. 在省部级主要领导干部学习贯彻党的十八届五中全会精神专题研讨班上的讲话 [N]. 人民日报，2016-05-10.

③ 习近平. 在省部级主要领导干部学习贯彻党的十八届五中全会精神专题研讨班上的讲话 [N]. 人民日报，2016-05-10.

④ 习近平. 在省部级主要领导干部学习贯彻党的十八届五中全会精神专题研讨班上的讲话 [N]. 人民日报，2016-05-10.

⑤ 习近平. 在省部级主要领导干部学习贯彻党的十八届五中全会精神专题研讨班上的讲话 [N]. 人民日报，2016-05-10.

⑥ 习近平. 在同各界优秀青年代表座谈时的讲话 [N]. 人民日报，2013-05-05.

展、科技自立自强、人才引领驱动,加快建设教育强国、科技强国、人才强国,坚持为党育人、为国育才,全面提高人才自主培养质量,着力造就拔尖创新人才,聚天下英才而用之。"①

其三,学习和掌握辩证思维。辩证思维的出发点在于,内在矛盾是事物发展的根本动力,万事万物是普遍联系、永恒发展的,这决定了我们应当用全面、联系和发展的眼光去思考问题。列宁曾指出,"辩证法是最完备最深刻最无片面性的关于发展的学说"②。习近平一直非常重视辩证思维,2012年底,他在广东考察时指出,改革要坚持辩证施治,发挥各项改革的最大效能。2013年,习近平在党的十八届三中全会第二次全体会议上强调,要坚持辩证法这一正确的思想方法推进改革。2015年年初,中共中央政治局召开的第二十次集体学习,就以辩证唯物主义基本原理和方法论为主题。习近平在主持此次集体学习时指出,"面对复杂形势和繁重任务,首先要有全局观,对各种矛盾做到心中有数,同时又要优先解决主要矛盾和矛盾的主要方面,以此带动其他矛盾的解决"③,并强调在工作中要把两点论和重点论有机结合起来,要坚持把理论与实践有机统一起来,不断推进实践基础上的理论创新。与此同时,他指出要反对静止、片面、零散、孤立的形而上学的思想方法,看形势做工作切忌"盲人摸象、坐井观天、揠苗助长、削足适履、画蛇添足"④。在2016年全国哲学社会科学工作座谈会上,习近平又详细阐述了辩证思想的基本内涵:"要坚持用联系的发展的眼光看问题,增强战略性、系统性思维,分清本质和现象、主流和支流,既看存在问题又看其发展趋势,既看局部又看全局,提出

①习近平.高举中国特色社会主义伟大旗帜 为全面建设社会主义现代化国家而团结奋斗:在中国共产党第二十次全国代表大会上的报告[M].北京:人民出版社,2022:33-34.

②中共中央马克思恩格斯列宁斯大林著作编译局编.列宁专题文集:论马克思主义[M].北京:人民出版社,2009:68.

③习近平在中共中央政治局第二十次集体学习时强调 坚持运用辩证唯物主义世界观方法论 提高解决我国改革发展基本问题本领[N].人民日报,2015-01-25.

④习近平在中共中央政治局第二十次集体学习时强调 坚持运用辩证唯物主义世界观方法论 提高解决我国改革发展基本问题本领[N].人民日报,2015-01-25.

的观点、作出的结论要客观准确、经得起检验，在全面客观分析的基础上，努力揭示我国社会发展、人类社会发展的大逻辑大趋势。"①这为我们学习和掌握辩证思维方法提供了基本遵循。

其四，学习和坚守底线思维。据《学习时报》相关报道，习近平在2013年年初的一次重要会议上指出："要善于运用底线思维的方法，凡事从坏处准备，努力争取最好的结果，做到有备无患、遇事不慌，牢牢把握主动权。"2013年10月，习近平在亚太经合组织工商领导人峰会上强调："中国是一个大国，绝不能在根本性问题上出现颠覆性错误，一旦出现就无法挽回、无法弥补。"②2013年12月，在中央经济工作会议上，习近平指出要做好保障和改善民生工作。"要继续按照守住底线、突出重点、完善制度、引导舆论的思路，统筹教育、就业、收入分配、社会保障、医药卫生、住房、食品安全、安全生产等，切实做好改善民生各项工作。"③2014年7月1日，在中共中央政治局第十六次集体学习时，习近平强调，共产党人要警惕各种危险，"坚持底线思维，做到居安思危"④。2016年年初，习近平在中国共产党第十八届中央纪律检查委员会第六次全体会议上再次指出，"教育引导广大党员、干部，特别是领导干部严格按党章标准要求自己，知边界、明底线"，"坚持高标准和守底线相结合"⑤。以上讲话，充分表明习近平对底线思维的高度重视。底线思维要求我们时刻警惕事物发生质变的临界点，不能突破不可逾越的警戒线。只有运用好底线思维，才能做到有备无患，做到防患于未然，从而赢得各项工作的主动权。

---

①习近平.在哲学社会科学工作座谈会上的讲话[N].人民日报，2016-05-19.

②习近平.深化改革开放 共创美好亚太：在亚太经合组织工商领导人峰会上的演讲[N].人民日报，2013-10-08.

③中央经济工作会议在北京举行 习近平李克强作重要讲话[N].人民日报，2013-12-14.

④习近平在中共中央政治局第十六次集体学习时强调 坚持从严治党落实管党治党责任 把作风建设要求融入党的制度建设[N].人民日报，2014-07-01.

⑤习近平.在第十八届中央纪律检查委员会第六次全体会议上的讲话[N].人民日报，2016-05-03.

## 2. 帮助党员和群众掌握科学的工作方法

其一，在全党大兴调查研究。

毛泽东在《反对本本主义》中提出一个鲜明的口号：没有调查，没有发言权。他进而打了一个形象的比方："调查就像'十月怀胎'，解决问题就像'一朝分娩'。调查就是解决问题。"①习近平对毛泽东的上述思想极为推崇，他强调，"在人民面前，我们永远是小学生，必须自觉拜人民为师，向能者求教，向智者问策"②。2013 年 7 月，习近平在武汉召开部分省市负责人座谈会时指出，确定全面深化改革的思路和举措，不能刻舟求剑、闭门造车、异想天开，而是要进行全面深入的调查研究。他强调："调查研究是谋事之基、成事之道。没有调查，就没有发言权，更没有决策权。"③事实上，习近平自从政以来，他一直强调要靠调查研究打开工作局面。例如，习近平在任浙江省委书记时，他的一篇文章《办法就在群众中》就提到，群众中蕴藏着巨大的智慧和力量，"要解决矛盾和问题，就要深入基层，深入群众，拜群众为师，深入调查研究"④，"调查研究多了，情况了然于胸，才能够找出解决问题、克服困难的办法"⑤。至于怎样进行调查研究，习近平曾提出"深、实、细、准、效"这五个要求。所谓"深"，就是要深入基层群众，广泛开展调查研究；"实"就是要实事求是，做到听实话、摸实情、办实事；"细"是指听取各方面意见，全面深入分析和掌握情况；"准"是指透过现象看本质，通过调查研究把握规律；而"效"就是要提出切实可行的办法解决问题，做到见实效。⑥此外，习近平还强调要通过建立和完善制度确保调查研究常态化，使调

---

①毛泽东.毛泽东选集：第 1 卷 [M]. 北京：人民出版社，1991：110-111.

②习近平.在纪念毛泽东同志诞辰120周年座谈会上的讲话 [N].人民日报,2013-12-27.

③习近平在武汉召开部分省市负责人座谈会时强调 加强对改革重大问题调查研究 提高全面深化改革决策科学性 [N]. 人民日报，2013-07-25.

④习近平.之江新语 [M].杭州：浙江人民出版社，2007：61.

⑤习近平.之江新语 [M].杭州：浙江人民出版社，2007：61.

⑥习近平.之江新语 [M].杭州：浙江人民出版社，2007：1.

查研究成为广大党员干部的经常性活动。

2023 年 3 月，中共中央办公厅印发《关于在全党大兴调查研究的工作方案》，要求各地区各部门结合实际认真贯彻落实。这个方案指出："世界百年未有之大变局加速演进，不确定、难预料因素增多，国内改革发展稳定面临不少深层次矛盾躲不开、绕不过，各种风险挑战、困难问题比以往更加严峻复杂，迫切需要通过调查研究把握事物的本质和规律，找到破解难题的办法和路径。"①调查研究是中国共产党的传家宝，在全党大兴调查研究，就是坚持从群众中来、到群众中去的群众路线，通过向群众学习，不仅增进同他们的感情，而且能够倾听他们的呼声和愿望，从而更好地把党的正确主张变为群众的自觉行动。

其二，要有钉钉子的实干精神。

习近平经常强调，要牢记"空谈误国，实干兴邦"，并用"一分部署，九分落实"凸显实干精神的重要性。在福建省宁德市任职时，习近平勉励党员干部要有"滴水穿石"的实干精神。这是因为："一滴滴水对准一块石头，目标一致，矢志不移，日复一日，年复一年地滴下去——这才造就出滴水穿石的神奇！"②滴水穿石实际上体现了"前仆后继，甘于为总体成功牺牲的完美人格"和"胸有宏图、扎扎实实、持之以恒、至死不渝的精神"③。党的十八大以来，习近平依然秉持"滴水穿石"的实干精神，要求全党全国要扎扎实实努力，锲而不舍地贯彻落实党的十八大精神。其中，他突出强调了钉钉子的精神。在担任浙江省委书记的时候，习近平就曾形象地说："抓落实就好比在墙上敲钉子：钉不到点上，钉子要打歪；钉到了点上，只钉一两下，钉子会掉下来；钉个三四下，过不久钉子仍然会松动；只有连钉七八下，这颗钉子才能牢固。"④担任总书记之后，习近平继续强调："我们要有钉钉子的精神，钉钉子往往不是一锤子就能钉好的，而是要一锤一锤接着敲，直到把钉子钉实钉

---

① 中办印发《关于在全党大兴调查研究的工作方案》[N].人民日报，2023-03-20.

② 习近平.摆脱贫困 [M].福州：福建人民出版社，1992：58.

③ 习近平.摆脱贫困 [M].福州：福建人民出版社，1992：59.

④ 习近平.之江新语 [M].杭州：浙江人民出版社，2007：241.

牢，钉牢一颗再钉下一颗，不断钉下去，必然大有成效。"①反之，"如果东一榔头西一棒子，结果很可能是一颗钉子都钉不上、钉不牢"②。习近平所说的钉钉子精神，不仅说明了锲而不舍的韧劲对于实现目标的重要性，还在于提醒党员干部，要时刻以人民群众的利益为准绳，不能为了显示政绩做一些劳民伤财的"形象工程""政绩工程"，而是要以真抓实干的态度担当起对历史和人民的责任。"党用伟大奋斗创造了百年伟业，也一定能用新的伟大奋斗创造新的伟业。"③当前，全党全国各族人民正迈上全面建设社会主义现代化国家新征程，满怀信心地向第二个百年奋斗目标进军，在这关键时刻，全党和人民仍然要有"滴水穿石"的实干精神和伟大的奋斗精神，如此才能充分发挥亿万人民的创造伟力。

①习近平. 习近平谈治国理政 [M]. 北京：外文出版社，2014：400.

②习近平. 习近平谈治国理政 [M]. 北京：外文出版社，2014：400.

③习近平. 高举中国特色社会主义伟大旗帜　为全面建设社会主义现代化国家而团结奋斗：在中国共产党第二十次全国代表大会上的报告 [M]. 北京：人民出版社，2022：71.

# 四、新时代马克思主义大众化的重要遵循

基本遵循，也就是基本的原则、要求。目标和任务为新时代马克思主义大众化指明方向，而了解马克思主义大众化的基本遵循则有利于将其目标和任务进一步具体化，以更好地将马克思主义大众化落到实处。具体而言，我们在推进马克思主义大众化的过程中，只有坚持以人民群众为本，深入了解人民群众工作、生活实际，才能用符合人民群众特点的简单而质朴的语言以及喜闻乐见的方式把马克思主义理论讲清楚、说明白，从而使人们更好地理解、接受和实践马克思主义。此外，还应当坚持通过改进创新不断推进马克思主义大众化。

## （一）新时代马克思主义大众化要坚持以人为本

"人民立场是中国共产党的根本政治立场，是马克思主义政党区别于其他政党的显著标志。"[①]在庆祝中国共产党成立100周年大会上，习近平强调："江山就是人民、人民就是江山，打江山、守江山，守的是人民的心。中国共产党根基在人民、血脉在人民、力量在人民。"[②]为此，马克思大众化应当坚持以人为本的基本原则，在充分尊重人民群众主体地位的基础上，积极关注人

---

[①]习近平.在庆祝中国共产党成立95周年大会上的讲话[N].人民日报,2016-07-02.

[②]习近平.在庆祝中国共产党成立100周年大会上的讲话[M].北京：人民出版社,

2021：11.

民群众利益，不断促进人们全面发展。

### 1. 尊重人民群众主体地位

习近平在中共中央政治局第十一次集体学习时指出，人民是历史的创造者，所以"要学习和掌握人民群众是历史创造者的观点，紧紧依靠人民推进改革"①。在2016年的七一讲话中，习近平进一步强调："坚持不忘初心、继续前进，就要坚信党的根基在人民、党的力量在人民，坚持一切为了人民、一切依靠人民，充分发挥广大人民群众积极性、主动性、创造性，不断把为人民造福事业推向前进。"②这表明，尊重人民群众的主体地位是以人为本的核心内容，它主要体现为，人民大众是马克思主义大众化的主体，提升马克思主义大众化有效性，必须充分调动人民大众的积极性和主动性，并充分发掘他们进行自我教育的潜能。因而，一方面，要根据不同人群的需要和特点，不断推进马克思主义话语体系转换，采取人民大众喜闻乐见的各种形式，引导他们学习和掌握马克思主义的基本立场、观点和方法，并自觉把马克思主义作为思想武器，不断指导自身的社会实践活动。另一方面，推进马克思主义大众化，在坚持党性原则的同时，应当把实现好、维护好、发展好人民大众的根本利益作为出发点和落脚点，树立以人民为中心的工作导向，"把服务群众同教育引导群众结合起来，把满足需求同提高素养结合起来"③，通过正面传播人民大众的伟大奋斗和火热生活，"丰富人民精神世界，增强人民精神力量，满足人民精神需求"④。此外，还要通过坚持和健全人民代表大会制度等政治制度，保障好人民群众的主体地位，提高他们参与政治生活的积极性，不断"扩大人民群众有序政治参与，保证人民广泛参加国家治理和社会治理，形成生动活泼、安

①习近平在中共中央政治局第十一次集体学习时强调　推动全党学习和掌握历史唯物主义　更好认识规律更加能动地推进工作 [N]. 人民日报，2013-12-05.

②习近平. 在庆祝中国共产党成立95周年大会上的讲话 [N]. 人民日报，2016-07-02.

③习近平在全国宣传思想工作会议上强调　胸怀大局把握大势着眼大事　努力把宣传思想工作做得更好 [N]. 人民日报，2013-08-21.

④习近平在全国宣传思想工作会议上强调　胸怀大局把握大势着眼大事　努力把宣传思想工作做得更好 [N]. 人民日报，2013-08-21.

定团结的政治局面"①。

全过程人民民主具有最广泛、最真实、最管用的显著优势，它能够发挥人民群众政治参与的积极性、主动性和创造性。党的二十大报告强调："必须坚定不移走中国特色社会主义政治发展道路，坚持党的领导、人民当家作主、依法治国有机统一，坚持人民主体地位，充分体现人民意志、保障人民权益、激发人民创造活力。"②尊重人民群众主体地位，可以有效激发人们学习和运用党的创新理论的热情和动力。

### 2. 关注人民群众利益诉求

尊重人民群众的主体地位，其基本点在于关注人民群众的各种利益诉求。列宁曾指出，如果"不善于把理想与经济斗争参加者的利益密切结合起来……那么，最崇高的理想也是一文不值的"③。毛泽东也强调："一切空话都是无用的，必须给人民以看得见的物质福利。"④他还指出："要解决群众的穿衣问题，吃饭问题，住房问题，柴米油盐问题，疾病卫生问题，婚姻问题。"⑤习近平总书记始终秉持马克思主义关心人民群众利益这一价值诉求，早在浙江任省委书记的时候，他就经常强调，"群众利益无小事"，柴米油盐都是群众面对的大事情。"老百姓可能不关心 GDP，但他们关心吃穿住行，关心就业怎么办、小孩上学怎么办、生病了怎么办、老了怎么办，等等。"⑥所以习近平强调要认真贯彻以人为本的科学发展观，做人民群众的贴心人，不断为人民群众谋福利。党的十八大以来，习近平始终坚持以人为本的价值理念。他在中共中央政治局第十一次集体学习时指出："要坚持把实现好、维护好、发展好最

①习近平.在庆祝中国共产党成立95周年大会上的讲话[N].人民日报,2016-07-02.

②习近平.高举中国特色社会主义伟大旗帜　为全面建设社会主义现代化国家而团结奋斗：在中国共产党第二十次全国代表大会上的报告[M].北京：人民出版社，2022：37.

③中共中央马克思恩格斯列宁斯大林著作编译局编译.列宁全集：第1卷[M].北京：人民出版社，1984：353.

④中共中央文献研究室.毛泽东文集：第2卷[M].北京：人民出版社，1993：467.

⑤毛泽东.毛泽东选集：第1卷[M].北京：人民出版社，1991：136-137.

⑥习近平.之江新语[M].杭州：浙江人民出版社，2007：139.

广大人民根本利益作为推进改革的出发点和落脚点，让发展成果更多更公平惠及全体人民，唯有如此改革才能大有作为。"①在2016年的七一讲话中，习近平总书记郑重指出："全党同志要把人民放在心中最高位置，坚持全心全意为人民服务的根本宗旨，实现好、维护好、发展好最广大人民根本利益，把人民拥护不拥护、赞成不赞成、高兴不高兴、答应不答应作为衡量一切工作得失的根本标准，使我们党始终拥有不竭的力量源泉。"②《中共中央关于党的百年奋斗重大成就和历史经验的决议》强调，必须以保障和改善民生为重点加强社会建设，使人民获得感、幸福感、安全感更加充实、更有保障、更可持续。把人民放在全党同志心中最高位置，凸显了新时代党和国家领导人鲜明的价值取向，在马克思主义大众化过程中，必须时刻遵循以人为本这一重要原则。

### 3. 促进人们自由全面发展

"代替那存在着阶级和阶级对立的资产阶级旧社会的，将是这样一个联合体，在那里，每个人的自由发展是一切人的自由发展的条件。"③《共产党宣言》里的这句话，是马克思主义创始人对理想社会目标的经典表述。而要达到自由人联合体这一目标，实现人们自由全面发展，就要首先同传统社会决裂，正如马克思和恩格斯所说："共产主义革命就是同传统的所有制关系实行最彻底的决裂；毫不奇怪，它在自己的发展进程中要同传统的观念实行最彻底的决裂。"④所谓决裂意指脱离关系，因而，在共产主义创始人看来，从资本主义过渡到社会主义，必然经历一个质变而非单纯量变的过程。列宁也曾对理想社会进行了生动说明，他指出社会主义是新的社会制度，而新制度的基本特征是："共同劳动的成果不应该归一小撮富人享受，应该归全体劳动者享受。机

---

①习近平在中共中央政治局第十一次集体学习时强调 推动全党学习和掌握历史唯物主义 更好认识规律更加能动地推进工作 [N].人民日报，2013-12-05.

②习近平.在庆祝中国共产党成立95周年大会上的讲话 [N].人民日报，2016-07-02.

③中共中央马克思恩格斯列宁斯大林著作编译局编译.马克思恩格斯文集：第2卷 [M].北京：人民出版社，2009：53.

④中共中央马克思恩格斯列宁斯大林著作编译局编译.马克思恩格斯文集：第2卷 [M].北京：人民出版社，2009：52.

器和其他技术改进应该用来减轻大家的劳动，不应该用来使少数人发财，让千百万人民受穷。"①由此可见，实现人们自由全面发展的前提就是要通过社会主义革命改变传统所有制的性质，保障人民群众不断享有平等的经济地位和政治权益。根据我国的发展目标和改革实际，习近平对这一理念做出进一步阐发："以保障和改善民生为重点，发展各项社会事业，加大收入分配调节力度，打赢脱贫攻坚战，保证人民平等参与、平等发展权利，使改革发展成果更多更公平惠及全体人民，朝着实现全体人民共同富裕的目标稳步迈进。"②这都是不断促进人们自由全面发展的重要保障。

促进人们自由全面发展，不仅体现在经济、政治层面，在现代社会，如何同时促进人们身心全面协调发展，越来越成为现代人所面临的一个重要问题。习近平不仅重视推动社会物质进步，而且关心人们的精神生活状况，他对马尔库塞关于"单向度的人"的批判有着共鸣，指出人是文化人而不是"物化"的人，是能动、全面而不是僵化、片面的人。进而，习近平强调："人类不仅追求物质条件、经济指标，还要追求'幸福指数'；不仅追求自然生态的和谐，还要追求'精神生态'的和谐；不仅追求效率和公平，还要追求人际关系的和谐与精神生活的充实，追求生命的意义。"③习近平重视促进人们身心协调、全面发展，还体现在他对青少年成长的一些论述中。他认为，家长希望孩子"成龙""成凤"无可厚非，但是，不能怀有过于功利的心态，成才必须先学做人。因为仅仅有丰富的知识不足以使人成大器，所以"要引导家长改变重知轻德的倾向，在关心孩子学业成绩的同时，重视对孩子的思想品德教育，促进孩子全面发展"④。2014 年，习近平在五四讲话中引用蔡元培的话——"若无德，则虽体魄智力发达，适足助其为恶"，勉励广大青年不仅要学好专业知识，而且要加强道德修养，因为"一个人只有明大德、守公德、严私德，其才

①中共中央马克思恩格斯列宁斯大林著作编译局编.列宁专题文集：论社会主义[M].北京：人民出版社，2009：381.

②习近平.在庆祝中国共产党成立95周年大会上的讲话[N].人民日报，2016-07-02.

③习近平.之江新语[M].杭州：浙江人民出版社，2007：150.

④习近平.之江新语[M].杭州：浙江人民出版社，2007：64.

方能用得其所"①。党的二十大报告特别指出要提高全社会文明程度："统筹推动文明培育、文明实践、文明创建，推进城乡精神文明建设融合发展，在全社会弘扬劳动精神、奋斗精神、奉献精神、创造精神、勤俭节约精神，培育时代新风新貌。"②

## （二）新时代马克思主义大众化要坚持话语转换

相对于人民大众的认知程度而言，以文本形式存在的马克思主义理论不可避免带有一定的抽象性，并在一定程度上显得深奥难懂。所以，要真正实现马克思主义大众化，就应当尽量在内容上使马克思主义通俗易懂，并采用人民大众喜闻乐见的方式进行传播。在这方面，习近平不仅善于用群众的语言说话，而且将中华传统典故运用得淋漓尽致，为广大理论工作者做出了表率。

### 1. 善于转换文本话语

将马克思主义文本话语转换为人民大众所熟知的生活话语，是中国共产党推进马克思主义大众化的优良传统之一。毛泽东在论及新民主主义文化时指出，理论工作者要达到团结民众的目的，"文字必须在一定条件下加以改革，言语必须接近民众，须知民众就是革命文化的无限丰富的源泉"③。他还强调，实现大众化不能停留在口头上，而是要踏踏实实地跟人民大众学语言。他批评一些人："有些天天喊大众化的人，连三句老百姓的话都讲不出来，可见他就没有下决心跟老百姓学，实在他的意思仍是小众化。"④邓小平的务实风格为众人所知，他的话相当通俗易懂，但又蕴含着深刻的道理。他经常说，马

---

① 习近平.青年要自觉践行社会主义核心价值观：在北京大学师生座谈会上的讲话[N].人民日报，2014-05-05.

② 习近平.高举中国特色社会主义伟大旗帜　为全面建设社会主义现代化国家而团结奋斗：在中国共产党第二十次全国代表大会上的报告[M].北京：人民出版社，2022：44-45.

③ 毛泽东.毛泽东选集：第2卷[M].北京：人民出版社，1991：708.

④ 毛泽东.毛泽东选集：第3卷[M].北京：人民出版社，1991：841.

克思主义并不玄奥，它是很朴实的东西，关键是我们要坚持实事求是的作风，围绕人们的实际工作学习管用的、通俗易懂的科学知识。所以他说："长篇的东西是少数搞专业的人读的，群众怎么读？要求都读大本子，那是形式主义的，办不到。"①习近平是一步一个脚印从基层走过来的中央领导人，一直以来，他就非常善于运用群众的语言与群众进行深入交流和沟通。他曾指出，基层党组织之所以出现一些问题，在一定程度上是因为不重视群众工作，或者做不好、不会做、不去做群众工作。甚至"有少数干部不会同群众说话，在群众面前处于失语状态"②。在习近平看来，在群众面前不会说话，并不仅仅是在表达和沟通上存在问题，实际上，这还反映出少数干部脱离群众、工作能力不足等问题。他指出："不会说话是表象，本质还是严重疏离群众，或是目中无人，对群众缺乏感情；或是身无才干，做工作缺乏底蕴；或是手脚不净、形象不好，在人前缺乏正气。"③所以，只要党员干部真正把广大群众放在心上，对人民群众有真挚的感情，道德修养好、作风正派，并与群众打成一片，自然就容易将文本中的马克思主义转化为群众生活语言，从而不断提升马克思主义大众化的有效性。习近平就任中共中央总书记以来，他的系列重要讲话之所以引起广大人民群众的认可和称赞，就是因为他始终有着平易近人的态度，并善于运用人民大众的语言去表达新的治国理政思想。党的十八大闭幕不久，习近平就提出和阐释了"中国梦"这一凝心聚力的奋斗目标，它对广大群众产生了强大的感染力和号召力，成为激励人们团结奋进的重要精神旗帜。除此之外，习近平的许多通俗易懂、活泼有趣的语言也逐渐在社会上传播开来，例如，"小康不小康，关键看老乡""打'老虎'、拍'苍蝇'""刮骨疗毒、壮士断腕""钉钉子精神""鞋子合不合脚，自己穿了才知道""绿水青山就是金山银山""人类命运共同体"等，都成了百姓耳熟能详的词句。2014 年，《平易近人：习近平的语言力量》出版，此著作辑录了党的十八大以来习近平讲话中富有特色的理念关键词，并详细解读了这些关键词的思想内涵和重要意义。这本书一经出版，就引起了广大知识分子和群众热议。对于习近平的语言风

---

①邓小平. 邓小平文选：第 3 卷 [M]. 北京：人民出版社，1993：382.

②习近平. 之江新语 [M]. 杭州：浙江人民出版社，2007：146.

③习近平. 之江新语 [M]. 杭州：浙江人民出版社，2007：146.

格，美国学者熊玠做出如下评价："其实，能够说真话，归根究底并不是某种高超的语言艺术或技巧，而是出自诚朴坦率、实事求是的真性情。"①的确，任何语言如果没有真挚的情感作为基础，就不可能打动人心、引起共鸣，从而使广大人民群众认同和接受。因此，只有将马克思主义文本话语转换为人民大众所熟知的生活话语，才能更好地增强马克思主义的感染力和吸引力，不断实现马克思主义大众化。

### 2. 善于运用传统典故

中华优秀传统文化是中华民族的基因，它时刻潜移默化地影响中国人的思想和行为方式。所以，运用中华传统典故传播马克思主义理论，可以在一定程度上提升马克思主义大众化的有效性。毛泽东是运用传统典故的典范，他指出："中国现时的新政治新经济是从古代的旧政治旧经济发展而来的，中国现时的新文化也是从古代的旧文化发展而来的，因此，我们必须尊重自己的历史，绝不能割断历史。"②虽然他强调不能对传统文化无批判地兼收并蓄，但是他十分肯定传统文化中的精髓。毛泽东曾说："我们还要学习古人语言中有生命的东西。"③一些人由于不肯学习民间的外国的古人的语言，"群众就不欢迎他们枯燥无味的宣传"④。在讲话中，毛泽东经常引经据典，这无疑可以使马克思主义理论更加形象化、通俗化，更加贴近老百姓的内心情感，更加符合他们的接受需要，从而使他们更好地理解和接受马克思主义。美国学者熊玠指出："习近平对博大精深的中国传统文化具有广泛的兴趣，是我党历史上继毛泽东之后，又一位熟知并广泛引用中国传统文化经典的领导人。"⑤的确，习近平一直对中华优秀传统文化怀有深厚的热爱之情。无论是在福建，还是在浙江任职，习近平都对保护和传承中华优秀传统文化做出了贡献。党的十八大

---

① 熊玠. 领导中国的究竟是怎样一个人：《习近平时代》选载 [N]. 学习时报，2016-04-18.

② 毛泽东. 毛泽东选集：第2卷 [M]. 北京：人民出版社，1991：708.

③ 毛泽东. 毛泽东选集：第3卷 [M]. 北京：人民出版社，1991：837.

④ 毛泽东. 毛泽东选集：第3卷 [M]. 北京：人民出版社，1991：838.

⑤ 熊玠. 一介儒生的文化情结：《习近平时代》选载 [N]. 学习时报，2016-06-13.

以来，习近平经常强调："中华文化源远流长，积淀着中华民族最深层的精神追求，代表着中华民族独特的精神标识，为中华民族生生不息、发展壮大提供了丰厚滋养。"①正因为如此，所以"要努力从中华民族世世代代形成和积累的优秀传统文化中汲取营养和智慧，延续文化基因，萃取思想精华，展现精神魅力"②。正是基于这样的认识以及深厚的文化积累，习近平在其讲话中，常常运用人民群众耳熟能详的一些古代典籍和经典名句来说明其治国理政的大道理。2015年出版的《习近平用典》一书，对习近平所引用过的一些典故的背景义理和现实意义进行了阐释。从中可以看到，习近平所引用的典故来源广泛，从春秋诸子百家的《老子》《论语》《孟子》等经典，到人们所熟知的唐诗宋词，都在习近平引用之列。"中共十八大之后，习近平的这种表达风格更加鲜明，无论国内视察、与公众交流，还是出访时演讲或接受外国记者采访，他总会以典雅蕴藉又高度概括的经典名句来传达思想。"③这在一定程度上引起国际国内人们对中华优秀传统文化的关注和重视。

## （三）新时代马克思主义大众化要坚持联系实际

新时代马克思主义大众化坚持联系实际，首先要了解工作对象的基本特征，并在此基础上加强分类指导，其次要贴近不同层次群众的生活实际，找准人民群众的思想共鸣点和他们利益的交汇点，不断提升马克思主义大众化的针对性和有效性。

### 1.马克思主义大众化应当研究对象特征

推进马克思主义大众化工作，了解对象特征是必不可少的环节。毛泽东曾生动指出，正如交朋友不能不了解彼此的思想一样，"做宣传工作的人，对于自己的宣传对象没有调查，没有研究，没有分析，乱讲一顿，是万万不行

①习近平.习近平谈治国理政 [M].北京：外文出版社，2014：164.

②习近平在中共中央政治局第二十九次集体学习时强调 大力弘扬伟大爱国主义精神 为实现中国梦提供精神支柱 [N].人民日报，2015-12-31.

③熊玠.一介儒生的文化情结：《习近平时代》选载 [N].学习时报，2016-06-13.

的"①。只有全面了解不同层次对象的特征，诸如不同对象的政治倾向、思想状态、人格特征、文化水平、接受需求等，才能有针对性地帮助人们学习和接受马克思主义。前文提及，习近平一贯重视调查研究，他在《调研工作务求"深、实、细、准、效"》一文中提出调研的五个要求，其中把"深"放到了首位，他认为，"深"就是"要深入群众，深入基层，善于与工人、农民、知识分子和社会各界人士交朋友，到田间、厂矿、群众和社会各层面去解决问题"②。在做好基本的调查研究工作之后，才能形成有针对性地解决问题的措施。1982年，习近平还在河北正定县担任县委领导的时候，他就在摸清干部、群众思想问题的基础上，提出了加强思想教育要做到"三个针对"："一是针对'渺茫论'，进行坚定共产主义信念、振奋革命精神教育。"③"二是针对一些人对现行政策不理解的问题，进行政策教育。"④"三是针对一些缺乏共产主义精神、共产主义纪律、共产主义风格的问题，进行'三热爱'教育。"⑤党的十八大以来，习近平十分重视意识形态建设，他强调要坚持不懈地占领宣传思想阵地。具体而言，他针对当前思想舆论领域所呈现的红、黑、灰三个不同地带，提出了不同的应对措施。"红色地带是我们的主阵地，一定要守住；黑色地带主要是负面的东西，要敢抓敢管、敢于亮剑，大大压缩其地盘；灰色地带要大张旗鼓争取，使其转化为红色地带。"⑥以此确保宣传思想工作领导权掌握在党和人民群众手里。中国互联网络信息中心发布第51次《中国互联网络发展状况统计报告》显示，截至2022年12月，我国网民规模已达10.67亿，互联网日益融入人们日常生活中，成为人们学习、工作、生活的新空间。因此，如何充分利用互联网做好马克思主义宣传普及工作，是摆在我们面前的新的重要问题。习近平指出，来自四面八方的网民有着五花八门的观点和想

---

① 毛泽东. 毛泽东选集：第3卷 [M]. 北京：人民出版社，1991：836-837.

② 习近平. 之江新语 [M]. 杭州：浙江人民出版社，2007：1.

③ 习近平. 知之深 爱之切 [M]. 石家庄：河北人民出版社，2015：12.

④ 习近平. 知之深 爱之切 [M]. 石家庄：河北人民出版社，2015：13.

⑤ 习近平. 知之深 爱之切 [M]. 石家庄：河北人民出版社，2015：13.

⑥ 中共中央宣传部. 习近平总书记系列重要讲话读本 [M]. 北京：学习出版社，人民出版社，2016：196.

法，所以，我们应当从总体上分析网民的基本特征，对于网民的各种想法，"要多一些包容和耐心，对建设性意见要及时吸纳，对困难要及时帮助，对不了解情况的要及时宣介，对模糊认识要及时廓清，对怨气怨言要及时化解，对错误看法要及时引导和纠正"①，有针对性地推进新形势下的马克思主义大众化工作。

### 2. 马克思主义大众化应当贴近群众生活

毛泽东曾指出："我们说的马克思主义，是要在群众生活群众斗争里实际发生作用的活的马克思主义，不是口头上的马克思主义。"②这表明，推进马克思主义大众化，应当贴近人民大众的生活，只有贴近大众，才能使马克思主义发生实际效力，否则，文本上的马克思主义只能束之高阁，成为仅供摆设、装点门面的稀有物品。习近平对此深有体会，他曾说："一个党员，如果与群众的距离远了，就与党拉开距离；心中没有群众，就不配再做共产党员。"③2016年，习近平在七一讲话中强调："党与人民风雨同舟、生死与共，始终保持血肉联系，是党战胜一切困难和风险的根本保证，正所谓'得众则得国，失众则失国'。"④由此可见，贴近群众是推进马克思主义大众化的必然要求。在密切联系群众、贴近群众的基础上，应当坚持以正确的舆论引导人，并采取群众喜闻乐见的形式，及时把党的新的方针政策传达给广大群众，及时报道在改革开放大潮中涌现出来的创举，及时传播社会各个领域的道德模范的先进事迹，从而为我们实现"两个一百年"奋斗目标汇聚正能量。贴近群众，应当密切结合时代特征，了解人民大众的关注点和需求。习近平指出，在互联网时代，普通老百姓是网民的主体，普通群众上了网，就意味着民意也上了网。所以，党员干部要学会通过网络贴近群众，"学会通过网络走群众路线，经常上网看看，潜潜水、聊聊天、发发声，了解群众所思所愿，收集好想

---

① 习近平.在网络安全和信息化工作座谈会上的讲话 [N].人民日报，2016-04-26.

② 毛泽东.毛泽东选集：第3卷 [M].北京：人民出版社，1991：858.

③ 习近平.之江新语 [M].杭州：浙江人民出版社，2007：139.

④ 习近平.在庆祝中国共产党成立95周年大会上的讲话 [N].人民日报，2016-07-02.

法好建议，积极回应网民关切、解疑释惑"①。贴近群众，还应当找准人民大众思想的共鸣点，"建立和规范一些礼仪制度，组织开展形式多样的纪念庆典活动，传播主流价值，增强人们的认同感和归属感"②。例如，伟大的抗战英雄身上体现的爱国情怀、民族气节、英雄气概和必胜信念，"永远是激励中国人民克服一切艰难险阻、为实现中华民族伟大复兴而奋斗的强大精神动力"③。为此，2014年，我国增设了中国人民抗日战争胜利纪念日、中国烈士纪念日和南京大屠杀死难者国家公祭日这三个国家级纪念日，铭记一切为国家做出重大贡献的英雄，并激励人民大众为实现中华民族伟大复兴的目标继续奋斗。

## （四）新时代马克思主义大众化要坚持改进创新

坚持改进创新，也是当前推进马克思主义大众化的重要遵循。在2013年全国宣传思想工作会议上，习近平强调，对我们党的宣传思想工作经验一定要认真总结、长期坚持，与此同时，要根据不断变化的社会实践创新宣传思想工作，"重点是抓好理念创新、手段创新、基层工作创新"④，不断打开工作新局面。马克思主义大众化的重要内容是向广大群众宣传普及科学思想，所以，习近平以上讲话精神，也为新时代马克思主义大众化创新工作提供了重要遵循。

### 1. 马克思主义大众化要坚持理念创新

当今时代，文化多样化、社会信息化持续推进，这在丰富人们精神世界，提升人民群众自主性、创造性的同时，也由于社会价值取向逐渐多样化给马克思主义大众化带来一定挑战。与时俱进，是马克思主义所具有的可贵理论品质。"马克思主义是随着时代、实践、科学发展而不断发展的开放的理论

---

①习近平.在网络安全和信息化工作座谈会上的讲话[N].人民日报，2016-04-26.

②习近平.习近平谈治国理政[M].北京：外文出版社，2014：165.

③习近平.在颁发"中国人民抗日战争胜利70周年"纪念章仪式上的讲话[N].人民日报，2015-09-03.

④习近平.习近平谈治国理政[M].北京：外文出版社，2014：155.

体系，它并没有结束真理，而是开辟了通向真理的道路。"①面对新形势新问题，马克思主义理论工作者应当坚持问题导向，把坚持和发展马克思主义结合起来，不断做出新的理论创造。正如习近平所说："只有聆听时代的声音，回应时代的呼唤，认真研究解决重大而紧迫的问题，才能真正把握住历史脉络、找到发展规律，推动理论创新。"②具体而言，马克思主义坚持理念创新，一方面，要积极应对文化多样化背景下人们思想观念日益多样化的客观趋势。应当肯定，文化多样化的持续推进，是当代社会发展的重要特征和趋势，它标志着人类社会交流的极大扩展，它不仅使人们的视野大为开阔，也提高了人们思想的独立性和自主性。与此同时，文化多样化也在一定程度上拓展了马克思主义大众化的空间，给马克思主义大众化带来生机和活力。但是，在意识形态领域，多样文化给我们带来日益严峻的挑战。例如，中华人民共和国成立以来，以美国为首的西方国家就从未停止对中国进行西化和分化。改革开放以来，在经济全球化的背景下，美国改变了直接的政治施压方式，转而采取以意识形态影响为主途径，他们积极"利用电台广播、新闻出版、书籍报刊、电影电视、学术研究和文化交流等手段，进行思想政治渗透"③。西方国家的西化、分化政策，逐渐在一部分人群中发生了效力，影响了一部分人民群众对马克思主义的认同感。在文化多样化背景下推进马克思主义大众化，应当遵循"弘扬主旋律，提倡多样化"的方针，在积极促进多样文化健康交流和相互借鉴的同时，必须旗帜鲜明地坚持巩固壮大主流思想舆论，弘扬主旋律。另一方面，马克思主义坚持理念创新，还应当积极应对市场经济环境下一些人价值观缺失、责任感缺乏的社会现实。发端于西方社会的市场经济，奉行个人主义的价值取向，遵循等价交换原则、利益取得原则和竞争原则，而市场经济机制在极大提高经济效率、创造巨大生产力的同时，也给社会的思想文化领域带来消费主义、享乐主义和拜金主义盛行的消极后果。毋庸讳言，在我国市场经济环境下，也由于市场经济具有自发因素，导致一些人价值观缺失、责任感缺乏。在市场经济环境下，注重个人正当利益不仅是社会发展的客观要求，也合乎情理，但是，

---

①习近平.在哲学社会科学工作座谈会上的讲话[N].人民日报，2016-05-19.

②习近平.在哲学社会科学工作座谈会上的讲话[N].人民日报，2016-05-19.

③张宏毅，等.意识形态与美国对苏联和中国的政策[N].北京：人民出版社，2011：357.

如果人们过分关注个人利益而忽视群体利益，必然会影响个人利益的实现。正如马克思指出的，"只有在共同体中，个人才能获得全面发展其才能的手段，也就是说，只有在共同体中才可能有个人自由"①。所以，在市场经济环境下推进马克思主义大众化，一方面要关注每个群体和个人的合理物质需求，另一方面，还应当着眼于全面发展的目标，不断促进人民群众物质丰裕和精神充实。

### 2. 马克思主义大众化要坚持手段创新

互联网时代，马克思主义大众化正在面临着以前没有的一些挑战，"如何加强网络法制建设和舆论引导，确保网络信息传播秩序和国家安全、社会稳定，已经成为摆在我们面前的现实突出问题"②。在这种情况下，传统的单向传播的马克思主义大众化方式已不能满足时代的要求，所以，新时代的马克思主义大众化工作要化挑战为机遇，不断运用互联网技术创新传播手段。具体而言，要适应时代发展要求和广大人民群众的需要，学会运用手机媒体、微博客等载体提升马克思主义大众化亲和力和吸引力。如前所述，当前我国网民规模已达 10.67 亿。随着新兴媒体快速发展，众多网民逐渐以网络为主渠道获取各种社会信息，社会舆论的形成和传播渠道也越来越复杂多元，新兴舆论阵地已经成为舆论斗争的主战场。然而，从总体上看，我们对新兴舆论传播规律的认识还不够深入，运用新兴媒介载体的能力不强，在新兴舆论阵地的话语权和影响力还不够强大、掌控力度较弱。所以，在网络时代推进马克思主义大众化，应当学会运用各种新兴传媒手段，加强与人民大众的信息沟通，围绕人民群众关心的热点问题进行宣传解读，与时俱进增强马克思主义大众化的吸引力和感染力。与此同时，要有效运用新媒体整合各种马克思主义大众化理论资源，着力形成马克思主义大众化的网上互动。除了创新宣传手段外，还应当围绕人民群众所关心的社会热点问题，进行开放式引导，切忌采用堵塞、回避的消极方

① 中共中央马克思恩格斯列宁斯大林著作编译局编译.马克思恩格斯文集:第1卷[M].北京:人民出版社，2009:571.

② 习近平.关于《中共中央关于全面深化改革若干重大问题的决定》的说明[N].人民日报，2013-11-16.

式。当前，我国改革已进入攻坚期和深水区，我们既面临重要的战略机遇期，又面对许多社会矛盾。毋庸讳言，当前我国社会的住房、医疗、城乡差距、房屋拆迁等问题，都引起了广大人民群众的热切关注。因此，广大理论宣传工作者不仅不能回避这些社会问题，而且要以扎实的理论功底，向广大人民群众解释这些社会问题产生的根源和应对的措施，并集思广益，把人民群众的想法及时反馈给党和政府，促进人民群众与党和政府良好互动。

### 3. 马克思主义大众化要坚持基层工作创新

基层是党的全部工作的基础，"正是依靠党的基层组织，使党能够深深地扎根于人民群众之中，顺利地实现党的领导"①，所以中国共产党始终重视发挥基层工作的作用。在河北正定县担任县领导时，习近平就指出，加强精神文明建设，要充分发挥各基层单位的合力："卫生部门要抓好卫生，教育部门要抓好中小学教育，文化等部门要抓好文化站、青年民兵之家建设，工商部门要抓好市场管理，政法部门要抓好社会治安，妇联、共青团要抓好开展'五好家庭'和对青少年的教育活动。"②当前，创新基层工作仍然要重视基层组织的作用，充分发挥农村、企业、社区、机关、学校等基层单位的宣传、教育合力，不断创新马克思主义大众化工作。其一，坚持基层工作创新，要推动基层宣传思想工作创新。在新形势下，基层宣传思想工作要树立服务群众和教育群众的意识，通过宣传思想工作凝聚人心、团结群众，要积极拓展工作思路，掌握多样化的传播方式，尤其注重通过新媒体宣传和普及马克思主义。在宣传方式上，要贴近人民群众的实际生活，用群众乐于接受的话语方式宣传党的路线方针政策，切实增强宣传思想工作的吸引力和感染力。其二，坚持基层工作创新，要根据不同群体的需求特征加强马克思主义大众化的针对性。不同群体的人们，由于其社会经历、从事职业、文化程度、思想状况、人格特征、接受需要、接受特征的不同，决定了他们对党的路线方针政策具有不同的态度和看法，因而，基层理论宣传工作者应当紧密结合不同群体人们的实际情况，有针对性地宣传和普及马克思主义相关知识。其三，坚持基层工作创新，应当设法

---

①习近平. 之江新语 [M]. 杭州：浙江人民出版社，2007：111.

②习近平. 知之深　爱之切 [M]. 石家庄：河北人民出版社，2015：17.

改善基层宣传队伍的工作条件。不仅要为基础宣传工作队伍提供必要的物质生活保障，而且要积极改善他们的办公环境、配备先进的宣传设施，并为他们提供良好的培训和提升素养的机会。

# 五、新时代马克思主义大众化的方式方法

新时代马克思主义大众化主要目标的实现和任务的完成，需要借助于一定的科学方式方法。诚如毛泽东所说："我们不但要提出任务，而且要解决完成任务的方法问题。我们的任务是过河，但是没有桥或没有船就不能过。不解决桥或船的问题，过河就是一句空话。不解决方法问题，任务也是瞎说一顿。"① 这里用"桥"或"船"对于"过河"的意义，来说明"方式方法"的选择与运用对于"目标"和"任务"的重要性。马克思主义大众化过程，包括了帮助人民大众学习和领会马克思主义、促进他们在情感上认同马克思主义以及引导他们用马克思主义指导自身实践等诸多环节。据此，我们把马克思主义大众化的方式方法概括为：理论教育与价值引导相统一；正面宣传与澄清谬误相统一；示范引领与自觉实践相统一。

## （一）理论教育与价值引导相统一

马克思主义不仅具有使人信服的真理性，而且始终怀着令人向往的价值追求，是真理性和价值性的有机统一体。据此，我们在推进马克思主义大众化的过程中，既要重视理论教育，又要坚持价值引导，做到理论教育和价值引导相统一。

---

①毛泽东.毛泽东选集：第1卷 [M].北京：人民出版社，1991：139.

## 1. 以理论教育普及马克思主义

人民大众在毫不知晓一种知识、观点、理论的情况下，是谈不上对它认同乃至信服的，所以，教育和理论学习是马克思主义大众化的基本方法。在为什么要向人们进行马克思主义理论教育这一问题上，列宁提出了灌输理论。他首先强调，社会主义学说"是从有产阶级的有教养的人即知识分子创造的哲学理论、历史理论和经济理论中发展起来的"[①]，这样一种完备、严密而深刻的科学理论，是不可能自发地产生在每一个工人的头脑里的。正因为如此，所以要由掌握先进理论的知识分子将马克思主义理论从外面灌输给普通工人。列宁的灌输理论并不否认每个人具有自主学习和能动学习的能力，它主要强调的是，对不具备一定的、基本的马克思主义知识的普通大众，首先要做的事情就是积极向他们介绍、传播最基本的马克思主义常识。作为一种教育和宣传理念，灌输论在当代中国仍然具有一定的现实意义。当前，文化多样化、社会信息化持续推进，不同社会领域人们的思想观念日益多样化，对缺乏一定马克思主义基本知识的群众而言，他们不仅不会自发地产生共产主义、社会主义思想，而且很容易在多种价值观念和社会思潮的对立和冲突中产生困惑，进而有可能认同和接受各种非马克思主义思想、观点。之所以会出现这种情况，是因为"自己不知道马克思主义讲些什么道理，听到否定马克思主义的声音，心里没有底，就可能随声附和；当别人说马克思主义过时的时候，你不知道它有没有过时；当有人搬用西方当代的某些理论观点，说是发展马克思主义的时候，你也分不清楚它是篡改马克思主义，还是发展了马克思主义"[②]。由此可见，当前我们仍然要坚持向广大党员干部和人民群众传播马克思主义，只有懂得马克思主义的立场、观点、方法，"才能深刻认识和准确把握共产党执政规律、社会主义建设规律、人类社会发展规律，才能始终坚定理想信念，才能在纷繁复杂的形势下坚持科学指导思想和正确前进方向"[③]。广大理论工作者应当在把握不同

①中共中央马克思恩格斯列宁斯大林著作编译局编译.列宁专题文集：论无产阶级政党 [M].北京：人民出版社，2009：76.

②陈奎元.信仰马克思主义，做坚定的马克思主义者[J].马克思主义研究，2011( 04 ).

③习近平.习近平谈治国理政 [M].北京：外文出版社，2014：405.

层面群众基本情况的基础上，根据人民大众不同的接受需求和接受特征，通过学校、社区、企业、机关等组织，综合运用传统媒体和新兴媒体，对广大人民群众进行耐心而细致的马克思主义理论宣传和普及工作。

任何理论教育，都包括外部传授和自主学习两个不可割裂的方面。所以，在重视理论灌输的同时，还应当引导党员干部和人民群众自觉学习与消化理论知识。习近平一直重视引导和激励党员干部自觉学习，2009 年，他在中央党校秋季进修班开学典礼上的讲话指出，理论上实践上的先进性是马克思主义政党的本质特征之一，所以党员干部要重视和善于学习马克思主义，并把它作为改造客观和主观世界的强大思想武器。2013 年，习近平在中央党校建校 80 周年庆祝大会上对理论学习的重要意义、主要内容、基本要求等基本问题做出了系统而深刻的阐述，为当前我们自觉学习马克思主义提供了重要遵循。首先是理论学习的重要意义。当前，我们面临着不断变化的新情况新问题，如果不与时俱进学习马克思主义，迟早会出现"本领恐慌"。"只有加强学习，才能增强工作的科学性、预见性、主动性，才能使领导和决策体现时代性、把握规律性、富于创造性，避免陷入少知而迷、不知而盲、无知而乱的困境，才能克服本领不足、本领恐慌、本领落后的问题。"①其次是理论学习的主要内容。习近平认为，我们应当着重学习以下三方面内容：一是学习好马克思主义理论，不断增强做好工作的看家本领；二是学习党的路线方针政策和国家的法律规范，不断提升我们的政治素养；三是结合自身工作情况，广泛涉猎政治、经济、文化、科学等基本知识，不断提高专业化水平。最后是理论学习的基本要求。习近平强调，学习的目的在于运用，我们不能为学习而学习，要避免纸上谈兵、夸夸其谈，把所学知识运用到改造客观世界与主观世界的实践活动中去。

### 2. 以价值引导弘扬共产主义理想

马克思主义不仅仅是一种完备、严密而深刻的科学理论，而且它也同其他哲学社会科学理论一样，有着鲜明的价值取向和目标追求。马克思和恩格斯指

---

① 习近平．习近平谈治国理政 [M]．北京：外文出版社，2014：404.

出，"共产党人可以把自己的理论概括为一句话：消灭私有制"①。这鲜明地表达了马克思主义理论的价值诉求。英国社会学家 G. D. H. 科尔曾写道："仅仅从相信社会主义符合历史发展方向出发，或者说，如果人们不是出于相信社会主义是正义的，而正义的事业是应该奋力以求的，就很难理解人们何以会不畏劳苦地为社会主义奋斗。"②可见，马克思主义完美地将严谨的科学理论与为解放全人类而奋斗的理想诉求结合在一起。正因为马克思主义具有这样的特征，所以我们在推进马克思主义大众化的过程中，不仅要学习马克思主义的基本观点和方法，而且要坚定它"以实现人的自由而全面的发展和全人类解放为己任"③的根本价值立场。习近平不仅强调理论宣传和理论学习的重要作用，而且坚持用文化引领和价值引导来凝心聚力。针对广大人民群众，习近平指出，要"坚持巩固壮大主流思想舆论，弘扬主旋律，传播正能量，激发全社会团结奋进的强大力量"④。他重视在全社会弘扬社会主义核心价值观，因为核心价值观"承载着一个民族、一个国家的精神追求，体现着一个社会评判是非曲直的价值标准"⑤。针对广大党员干部，习近平经常强调理想信念的重要性："对马克思主义的信仰，对社会主义和共产主义的信念，是共产党人的政治灵魂，是共产党人经受住任何考验的精神支柱。"⑥他还指出要用历史智慧推进党风廉政建设："我们要教育引导广大党员、干部坚定理想信念、坚守共产党人精神家园，不断夯实党员干部廉洁从政的思想道德基础，筑牢拒腐防变的思想道德防线。"⑦

事实上，理论教育和价值引导是一个不可分割的统一过程，对此，刘少奇曾做出过较为通俗的阐释。他在《论共产党员的修养》一文中指出，一方面，

① 中共中央马克思恩格斯列宁斯大林著作编译局编译. 马克思恩格斯文集：第 2 卷 [M]. 北京：人民出版社，2009：45.

②郁建兴，朱旭红. 社会主义价值学导论 [M]. 杭州：浙江人民出版社，1997：41.

③习近平. 在哲学社会科学工作座谈会上的讲话 [N]. 人民日报，2016-05-19.

④习近平. 习近平谈治国理政 [M]. 北京：外文出版社，2014：155.

⑤习近平. 习近平谈治国理政 [M]. 北京：外文出版社，2014：168.

⑥习近平. 习近平谈治国理政 [M]. 北京：外文出版社，2014：15.

⑦习近平. 习近平谈治国理政 [M]. 北京：外文出版社，2014：391.

我们的理论学习离不开正确的价值取向，这是因为，如果一个共产党员"不是真正的革命者……他不想革命，或者不想坚持革命到底，而想半途而废，那末，马克思列宁主义这门科学，对他也是没有用处的，或者是用处不大的"①。在刘少奇看来，只有持有正确政治立场的人，才能彻底掌握马克思主义。另一方面，如果只具有正确的价值取向，而没有掌握马克思主义这个思想武器，那么这不仅会影响我们原有立场的坚定性，而且不可能针对复杂多变的情形制定最有利的方针政策，从而也不可能确保我们实现目标。刘少奇以上论述对我们在新形势下推进马克思主义大众化仍有重要启示。当前，我们"面对社会思想观念和价值取向日趋活跃、主流和非主流同时并存、社会思潮纷纭激荡的新形势"②。在这种情况下，我们一方面要通过理论教育，在全社会宣传和普及马克思主义，使人民群众掌握科学思想武器，从而更加能动地改造客观世界和主观世界；另一方面要通过价值引导，使广大人民群众了解马克思主义的基本立场，不断形成正确的价值取向和理想信念。

## （二）正面宣传与澄清谬误相统一

当前，推进马克思主义大众化，要坚持破、立结合，一方面通过正面宣传使广大人民群众了解党的十八大以来党中央治国理政的新方略、新举措，把全国各族人民团结和凝聚在中国特色社会主义伟大旗帜之下；另一方面，通过澄清谬误，使广大人民群众认清种种反对马克思主义、反对社会主义的错误观点和错误思潮，形成对它们的辨别力和免疫力。

### 1. 通过正面宣传牢牢把握政治方向

要使人民群众更有效地认知和了解马克思主义的基本立场、观点、方法，广大理论工作者应当充分发挥自身的独特作用，通过各种途径深刻解读和大力宣传马克思主义中国化最新成果的丰富内涵和实践要求，进而为人民群众运用马克思主义提供认知前提。2013 年 8 月，党中央召开全国宣传思想工作会

①刘少奇. 刘少奇选集：上卷 [M]. 北京：人民出版社，1981：113.
②习近平. 在哲学社会科学工作座谈会上的讲话 [N]. 人民日报，2016-05-19.

议，这次会议对于深入推进马克思主义大众化极其重要。因为习近平在此次会议上的讲话明确了当前我国宣传思想工作的基本方向、重点任务和主要原则，为我们推进马克思主义大众化正面宣传工作提供了重要遵循。其一，马克思主义大众化正面宣传的基本方向。习近平强调："经济建设是党的中心工作，意识形态工作是党的一项极端重要的工作。"①用"极端重要"来形容意识形态工作，充分表明了党中央在意识形态领域的鲜明态度。在这个前提下，习近平进一步阐明："宣传思想工作就是要巩固马克思主义在意识形态领域的指导地位，巩固全党全国人民团结奋斗的共同思想基础。"②这为我们的宣传思想工作指明了基本方向。列宁曾深刻指出："对社会主义思想体系的任何轻视和任何脱离，都意味着资产阶级思想体系的加强。"③20世纪90年代的苏联解体和东欧剧变，从反面印证了列宁的这个论断。所以，推进马克思主义大众化，必须牢牢把握政治方向，丝毫不能偏离马克思主义意识形态的轨道。其二，马克思主义大众化正面宣传的重点任务。一方面，要深入开展中国特色社会主义宣传教育，使广大人民群众明白，只有中国特色社会主义这面伟大旗帜才能最大限度凝心聚力，引导全国各族人民实现"两个一百年"奋斗目标。还要使广大人民群众了解："中国特色社会主义是实践、理论、制度紧密结合的，既把成功的实践上升为理论，又以正确的理论指导新的实践，还把实践中已见成效的方针政策及时上升为党和国家的制度。"④另一方面，要在全社会弘扬社会主义核心价值观，"全面提高公民道德素质，培育知荣辱、讲正气、作奉献、促和谐的良好风尚"⑤。其三，马克思主义大众化正面宣传的主要原则。正面

---

①习近平在全国宣传思想工作会议上强调　胸怀大局把握大势着眼大事　努力把宣传思想工作做得更好 [N]. 人民日报，2013-08-21.

②习近平在全国宣传思想工作会议上强调　胸怀大局把握大势着眼大事　努力把宣传思想工作做得更好 [N]. 人民日报，2013-08-21.

③中共中央马克思恩格斯列宁斯大林著作编译局编译.列宁专题文集：论无产阶级政党 [M]. 北京：人民出版社，2009：85.

④习近平.习近平谈治国理政 [M]. 北京：外文出版社，2014：9.

⑤习近平在全国宣传思想工作会议上强调　胸怀大局把握大势着眼大事　努力把宣传思想工作做得更好 [N]. 人民日报，2013-08-21.

宣传要坚持党性和人民性相统一：坚持党性要求宣传工作者坚持正确的政治方向，积极宣传党中央治国理政的方针、政策，在重大是非问题面前尤其要维护中央权威；坚持人民性就是要以人为本，坚守以人民为中心的工作导向，多向人民大众宣传报道先进典型和感人事迹，传播正能量，不断"丰富人民精神世界，增强人民精神力量，满足人民精神需求"①。习近平强调，正面宣传必须坚持巩固和壮大主流思想舆论，而"关键是要提高质量和水平，把握好时、度、效，增强吸引力和感染力，让群众爱听爱看、产生共鸣，充分发挥正面宣传鼓舞人、激励人的作用"②。除此之外，正面宣传要求各级党委担负起政治责任：一方面要科学分析和研究宣传思想领域的重大理论和实践问题，统筹指导宣传思想工作重大任务；另一方面要加强各基层单位、部门的宣传合力，不断提高马克思主义大众化正面宣传的时效性和有效性。

### 2. 通过澄清谬误划清舆论是非界限

在如何看待马克思主义这个问题上，虽然绝大多数党员有着正确的看法，但是不可否认，社会上尚存在一些对马克思主义模糊甚至错误的认识。习近平对此总结道："有的认为马克思主义已经过时，中国现在搞的不是马克思主义；有的说马克思主义只是一种意识形态说教，没有学术上的学理性和系统性。"③甚至有一些领域把马克思主义边缘化和空泛化。近年来，《人民论坛》连续刊发"年度十大思潮调查结果与简要分析"报告，研究当前对中国社会影响较大的社会思潮的特征及其发展趋势。这些报告表明，党的十八大前后，国内外各种社会思潮各类热点事件发生、发展、演变的背后往往在一定程度上受不同社会思潮的影响，暗流涌动、激烈交锋。此外，樊浩等通过调查研究指出，当前国外各种思潮逐渐以理论化的形态影响着人们的思想，"自由主义、功利主义、民主社会主义、女权主义、生态主义等思潮已经被人们熟知并

---

①习近平在全国宣传思想工作会议上强调　胸怀大局把握大势着眼大事　努力把宣传思想工作做得更好 [N]. 人民日报，2013-08-21.

②习近平在全国宣传思想工作会议上强调　胸怀大局把握大势着眼大事　努力把宣传思想工作做得更好 [N]. 人民日报，2013-08-21.

③习近平. 在哲学社会科学工作座谈会上的讲话 [N]. 人民日报，2016-05-19.

对人们的思想产生了较大的影响"①。相对于 20 世纪末期，当前意识形态领域的冲突较为复杂而尖锐，"当下许多错误思潮和观点并不是以赤裸裸的反动话语表现出来，而是以价值观表现、文化消费、生活方式等隐蔽的方式悄然渗透而出"②。有鉴于此，马克思主义大众化在坚持正面宣传的同时，"在事关大是大非和政治原则问题上，必须增强主动性、掌握主动权、打好主动仗，帮助干部群众划清是非界限、澄清模糊认识"③。

当前，互联网是相当重要的社会信息平台，它时刻对我国亿万网民的学习途径、价值观念和思维模式产生影响。我国目前有 10.67 亿网民，互联网对他们在社会、工作、人生等方面都产生着重要影响，所以我们应当把网上舆论工作作为重中之重来抓。一方面，要弘扬主旋律与激发正能量，"把握好网上舆论引导的时、度、效，使网络空间清朗起来"④。另一方面，"要深入开展网上舆论斗争，严密防范和抑制网上攻击渗透行为，分析网上斗争的特点和规律，运用正确战略战术，组织力量对错误思想观点进行批驳，牢牢掌握网络舆论战场上的主动权"⑤。开展网上舆论斗争之所以必要，主要出于两方面的考虑。一方面，从国际网络舆论环境看，我们的意识形态面临着网络信息化的严峻挑战。"在美国发起并由美国主导的因特网成为美国等西方国家向全世界推销自己的价值标准、意识形态、社会文化的平台。"⑥发达国家利用其网络优势动摇其他国家的思想意识、主流价值和民族信仰，并不失时机地贬低其他民族的传统文化。另一方面，从国内网络舆论环境看，我国面临的来自互联网

①樊浩，等．中国大众意识形态报告 [M]．北京：中国社会科学出版社，2012：77.

②郑承军．理想信念的引领与建构：当代大学生的社会主义核心价值观研究　序 [M]．北京：清华大学出版社，2010：序 6-7.

③习近平在全国宣传思想工作会议上强调　胸怀大局把握大势着眼大事　努力把宣传思想工作做得更好 [N]．人民日报，2013-08-21.

④习近平．习近平谈治国理政 [M]．北京：外文出版社，2014：198.

⑤中共中央宣传部．习近平总书记系列重要讲话读本 [M]．北京：学习出版社，人民出版社，2016：205.

⑥张小平，等．当前中国文化安全问题研究 [M]．北京：社会科学文献出版社，2012：33.

的挑战在于，"网络攻击、病毒传播、网络犯罪、不良信息泛滥"①，这都威胁到了我国互联网安全。面对网上舆论出现的诸多不可忽视的问题，习近平指出，网络空间良好符合人民利益，网络空间恶化则与人民利益相违背。他强调，互联网不是法外之地，要制止和打击"利用网络鼓吹推翻国家政权，煽动宗教极端主义，宣扬民族分裂思想，教唆暴力恐怖活动"②，要坚决管控"利用网络进行欺诈活动，散布色情材料，进行人身攻击，兜售非法物品"③。只有这样，才能在全社会培育积极健康的网络文化，使正能量充满网络空间。

马克思主义大众化要求用通俗易懂的语言和风格传播马克思主义，但是，通俗不等于庸俗，所以，除了以上澄清谬误的措施外，还应当极力反对当前中国社会所出现的庸俗、低俗、媚俗现象。2013 年，《人民日报》刊发了系列文章，对"三俗"文化进行批判，这些不良文化趋向表现为：以丑为尚、网络暴力、浮奢之风、比坏心理、价值迷失等。20 世纪 80 年代，邓小平曾指出，精神污染"在人民中混淆是非界限，造成消极涣散、离心离德的情绪，腐蚀人们的灵魂和意志，助长形形色色的个人主义思想泛滥，助长一部分人怀疑以至否定社会主义和党的领导的思潮"④。可见，以"炒作明星绯闻、迎合猎奇心理、注重感官刺激、渲染色情暴力"⑤为主要内容的"三俗"文化，必然给国家和社会带来消极影响。2014 年年初，习近平在兰考县调研时指出，抓作风建设应当返璞归真、固本培元，他要求全体党员"自觉远离那些庸俗的东西"。可见，批判和警惕"三俗"文化的影响，也是推进马克思主义大众化的题中应有之义。

在马克思主义大众化的过程中，"正面宣传"与"澄清谬误"是相统一的。马克思主义基本理论，特别是马克思主义中国化的最新理论成果及其实践要求的深刻解读和正面宣传，将有利于人民群众正确认识马克思主义，为其运用马克思主义的立场、观点和方法分析各种反马克思主义的错误观点和思潮奠

---

①张小平，等.当前中国文化安全问题研究 [M].北京：社会科学文献出版社，2012：93.

②习近平.在网络安全和信息化工作座谈会上的讲话 [N].人民日报，2016-04-26.

③习近平.在网络安全和信息化工作座谈会上的讲话 [N].人民日报，2016-04-26.

④邓小平.邓小平文选：第 3 卷 [M].北京：人民出版社，1993：44.

⑤杨同庆.对传媒低俗化的理论思考 [J].传媒在线，2005（01）.

定基础。而人民群众分析和澄清各种谬误的过程，实际上也是他们不断深化对马克思主义的认识和认同，以及促进马克思主义大众化的过程。

### （三）示范引领与自觉实践相统一

习近平曾指出，马克思主义大众化本质就是"理论联系实际的过程"。而理论与实际相联系的桥梁就是实践，即人民群众的实践活动。因此，要实现马克思主义大众化，一方面要善于发现人民群众中实践马克思主义的先进典型，发挥其示范引领作用，以先进典型的实践带动人民大众的实践；另一方面要融合马克思主义理论与人民群众的实践活动，使人民群众养成自觉实践马克思主义的良好行为习惯，引导他们用科学理论改造世界。

#### 1. 发挥先进典型的示范引领效应

"善于抓典型，让典型引路和发挥示范作用，历来是我们党重要的工作方法。"①这是因为，榜样能发挥无穷的力量，它能给人民大众带来极强的感染力，能有效激励群众见贤思齐、默默效仿。自中国共产党成立以来，就不断涌现践行马克思主义价值目标和道德要求的众多典范：党的创始人之一邓中夏，早年放弃待遇优厚的工作机会，立志做人民公仆，为广大人民谋利益；俭朴、清贫的方志敏在狱中大义凛然、坚贞不屈，最后英勇就义；加拿大医生白求恩，怀着毫不利己专门利人的共产主义精神，默默支持中国人民的抗日战争；中华人民共和国成立以来，被称为新时期雷锋的郭明义，积极践行为人民服务的宗旨，他 20 年献血 6 万毫升，所得献血费用都用来资助贫困学生；好干部孔繁森，领养并独自照顾三个孤儿，他生动诠释了大公无私的共产主义道德品质；还有华西村前党委书记吴仁宝，为自己定下规矩——"不拿全村最高的工资，不拿全村最高的奖金，不住全村最好的房子"，这"三不"充分体现了他为人民服务的情怀；原云南保山地委书记杨善洲，放弃优厚的退休待遇，带领村民到深山老林植树造林，最后把价值 3 亿元的林场无偿捐给国家；河北农业大学教授李保国"35 年如一日，坚持全心全意为人民服务的宗旨，长期奋战

---

① 习近平.之江新语 [M].杭州：浙江人民出版社，2007：212.

在扶贫攻坚和科技创新第一线，把毕生精力投入山区生态建设和科技富民事业之中，用自己的模范行动彰显了共产党员的优秀品格"①。正是这一个个先进典型，在引导广大党员干部和人民群众学习、认同、接受、掌握和运用马克思主义的过程中，发挥着无穷的示范激励作用。当前，推进马克思主义大众化，仍然要坚持示范引领这一优良工作传统。一方面，广大党员干部要"以身作则、率先垂范，讲党性、重品行、作表率，为民、务实、清廉，以人格力量感召群众、引领风尚"②。习近平指出"焦裕禄同志以自己的实际行动塑造了一个优秀共产党员和优秀县委书记的光辉形象"③，并认为他们是在焦裕禄事迹影响下成长起来的一代人。无论是上山下乡、上大学和参军入伍，特别是后来当县委书记、市委书记，习近平总是把焦裕禄作为一个榜样，对照自己。习近平以自身的学习经历和人格魅力，给党员干部做出了重要表率，所以，广大党员应当不断加强自身思想、政治、道德修养，"要求普通群众做到的自己首先做到，要求别人不做的自己坚决不做，以实际行动影响和带动全社会"④，只有这样，才能有效带领广大人民群众学习马克思主义、运用马克思主义。另一方面，推进马克思主义大众化，还应当广泛发挥社会各领域先进典型的示范引领作用。习近平强调，我们不仅要创造极大丰富的物质财富，也要创造极大丰富的精神财富。所以，"我们要继续锲而不舍、一以贯之抓好社会主义精神文明建设，为全国各族人民不断前进提供坚强的思想保证、强大的精神力量、丰润的道德滋养"⑤。而要推进社会主义精神文明建设，就离不开社会先进典型的引领作用。因为社会先进典型大多是人民大众的一员，他们的生活、工作离

---

①习近平对李保国同志先进事迹作出重要批示强调　自觉为人民服务为人民造福　努力做出无愧于时代的业绩 [N]. 人民日报，2016-06-13.

②中共中央办公厅印发《关于培育和践行社会主义核心价值观的意见》[N]. 人民日报，2013-12-24.

③习近平. 做焦裕禄式的县委书记 [N]. 学习时报，2015-09-07.

④刘云山. 着力培育和践行社会主义核心价值观 [J]. 求是，2014（02）.

⑤习近平在会见第四届全国文明城市、文明村镇、文明单位和未成年人思想道德建设工作先进代表时强调　人民有信仰民族有希望国家有力量　锲而不舍抓好社会主义精神文明建设 [N]. 人民日报，2015-03-01.

普通群众最近，在他们身上体现了普通大众的价值诉求，所以他们是马克思主义大众化最鲜活的教材。习近平要求："要深入开展宣传学习活动，创新形式、注重实效，把道德模范的榜样力量转化为亿万群众的生动实践，在全社会形成崇德向善、见贤思齐、德行天下的浓厚氛围。"①以此为中国特色社会主义事业提供必不可少的精神动力和道德滋养。

### 2. 引导群众用科学理论改造世界

党员干部和社会先进典型发挥示范引领作用，为马克思主义大众化提供了重要推动力，然而，只有广大人民群众学会用科学理论改造客观世界和主观世界，才能真正把马克思主义大众化落到实处。从接受学来看，着眼于接受对象，任何理论学习过程都包括了表层和深层这两个息息相关的层次，在一定程度上可以说，本研究所提及的理论教育、价值引导、正面宣传、示范引领等途径，都是接受理论知识的表层接受层次，而自觉践行环节才是深层的接受层次。因此，马克思主义大众化的生命力在于自觉实践。列宁曾说，不能离开工作和斗争去学习共产主义知识，否则这种知识是一文不值的。苏联教育家纳扎罗娃则通过研究指出，青年只有把所学科学理论和实践活动有机结合起来，才"有助于他们加深对理论原理的理解，有助于培养他们把马克思列宁主义原理同当今社会现实、同世界社会政治进程相联系的能力"②。正是因为实践是将精神力量转化为物质力量的关键，所以习近平强调，学习的目的全在于运用，要发扬理论联系实际的作风，"做到干中学、学中干，学以致用、用以促学、学用相长"③，而不能纸上谈兵、夸夸其谈。具体要做到以下几方面。其一，把马克思主义理论运用到人民群众的实践活动中，实现人民群众"干中学"与"学中干"相结合。教育的出发点是教育对象。要更好地促进马克思主义大众化，我们必须立足于人民群众的实际需要，关注其利益诉求，将马克思主义理论融于人民群众丰富多样的实践活动中，实现马克思主义的通俗化、具体化，

---

①习近平对全国道德模范表彰活动作出重要批示强调 [N].人民日报，2015-10-14.

②纳扎罗娃.青年共产主义信仰的形成 [N].刘成彬，等，译.合肥：安徽教育出版社，1986：54.

③习近平.习近平谈治国理政 [M].北京：外文出版社，2014：406.

使人民群众在实践活动中学习、理解和接受马克思主义，并学会运用马克思主义的立场、观点和方法解决实践活动中遇到的问题。其二，反复实践以促进人民群众自觉地将马克思主义作为其实践活动的行动指南，切实提高人民群众运用科学理论分析和解决问题的能力。只有反复将马克思主义理论与人民群众的实践活动相结合，才能不断提高人民群众运用马克思主义的立场、观点和方法分析与解决实际问题的能力，以使人民群众更好将马克思主义化为其自觉的行动，不断满足人民群众解决实际问题的新需求。其三，用马克思主义的立场、观点和方法总结人民群众的实践经验，实现新的理论升华，进而在使人民群众掌握和运用马克思主义的过程中，丰富和发展马克思主义。正如邓小平所言："农村搞家庭联产承包，这个发明权是农民的。农村改革中的好多东西，都是基层创造出来的，我们把它拿来加工提高作为全国的指导。"[1]由此可见，通过总结人民群众的生产实践经验，不仅有利于促进马克思主义大众化，而且有利于丰富和发展马克思主义，从而促进马克思主义大众化不断取得更大的成效。换句话说，只有通过自觉践行，人民群众才能真正掌握马克思主义这个强大的思想武器，并能够运用它去分析、判断、解决所面对的各种问题。因此，在马克思主义大众化的过程中，我们必须不断发挥实践马克思主义先进典型的示范引领作用，以促进广大人民群众对马克思主义的自觉践行，并进一步达到两者相互促进和有机统一。

---

①邓小平．邓小平文选：第3卷 [M]．北京：人民出版社，1993：382.

# 六、新时代马克思主义大众化的主要抓手

所谓"抓手",就是人手可以把持的部位,例如电冰箱、洗衣机、电视机等日常家电,都有抓手,方便我们提放。本研究以"主要抓手"为标题,旨在强调:马克思主义大众化不能停留在理论研究阶段,我们还应当着眼于党的十八大以来习近平总书记治国理政的重要方略,梳理和总结新时代马克思主义大众化的主要实践途径。概括而言,当前推进马克思主义大众化的主要抓手为:切实加强党的新闻舆论工作,为马克思主义大众化创造良好舆论环境;大力弘扬社会主义核心价值观,为马克思主义大众化提供重要精神支撑;着力解决群众关心的现实问题,为马克思主义大众化夯实群众基础。

## (一)切实加强党的新闻舆论工作

新闻舆论是党和人民的喉舌。中国特色社会主义进入新时代,应当继续发挥新闻媒体传播马克思主义理论、宣传党的路线方针政策的独特作用,为马克思主义大众化创造良好舆论环境。2016 年 2 月,中共中央举行新闻舆论工作座谈会。在会上,习近平深刻阐述了党的新闻舆论工作的重大理论和实践问题,为切实加强党的新闻舆论工作指明了方向、提供了基本遵循。

### 1. 党的新闻舆论工作的重大作用

党的新闻舆论工作一直是我国马克思主义大众化的重要抓手,它承担着传

播马克思主义理论、宣传党的路线方针政策的重要职责，在革命、建设、改革过程中都发挥了重大作用。毛泽东曾指出："办好报纸，把报纸办得引人入胜，在报纸上正确宣传党的方针政策，通过报纸加强党和群众的联系，这是党的工作中的一项不可小看的、有重大原则意义的问题。"①而习近平在新的历史背景下，强调党的新闻舆论工作是治国理政的大事，它"事关旗帜和道路，事关贯彻落实党的理论和路线方针政策，事关顺利推进党和国家各项事业，事关全党全国各族人民凝聚力和向心力，事关党和国家前途命运"②。这"五个事关"凸显了党的新闻舆论工作对于定国安邦的极端重要性，它决定了我们要从党的工作全局出发去认识、把握和开展新闻舆论工作，并要求我们"做到思想上高度重视、工作上精准有力"。当前，党的新闻舆论工作者应当时刻以"五个事关"为导向，在深刻把握和适应国内外形势发展的基础上，与时俱进向广大人民群众传播马克思主义中国化最新成果。党的十八大指出："我国仍处于并将长期处于社会主义初级阶段的基本国情没有变，人民日益增长的物质文化需要同落后的社会生产之间的矛盾这一社会主要矛盾没有变，我国是世界最大发展中国家的国际地位没有变。"③这从总体上明确了处于社会主义初级阶段的中国的最大实际，它要求我们既不能妄自菲薄，也不可妄自尊大。在坚持这一最大实际的基础上，习近平强调，我们正在进行的是具有许多新的历史特点的伟大斗争，这些特点包括了人类发展方式面临重要转型、世界战略格局产生深刻变动、当代中国发生重大变革等。进而，习近平逐渐总结出当前历史阶段的"三个前所未有"——"今天的中国，前所未有地靠近世界舞台中心，前所未有地接近实现中华民族伟大复兴的目标，前所未有地具有实现这个目标的能力和信心"④。这个新的总结表明，我国初级阶段的社会主义已经有了重

---

① 毛泽东. 毛泽东选集：第4卷 [M]. 北京：人民出版社，1991：1319.

② 习近平在党的新闻舆论工作座谈会上强调 坚持正确方向创新方法手段 提高新闻舆论传播力引导力 [N]. 人民日报，2016-02-20.

③ 中共中央文献研究室. 十八大以来重要文献选编：上 [M]. 北京：中央文献出版社，2014：12-13.

④ 为了中华民族的伟大复兴——从建党95年光辉历程看"三个前所未有"[N]. 光明日报，2016-06-30.

要发展，呈现出不同的阶段性特征，它意味着我国正从相对低级的发展水平逐渐跨越到中、高级的发展水平。这一新的关键的历史发展阶段，还伴随着文化多样化和社会信息化的持续推进，为此，党的新闻舆论工作尤其要坚持党的领导，坚持正确的政治方向，不断创新和发展马克思主义传播的载体和手段，坚持用简单质朴的话语和人民大众所喜闻乐见的表达方式，增强新闻舆论工作的吸引力和感召力，从而为提升马克思主义大众化的有效性创造良好的舆论环境。总之，"党的新闻舆论工作是党的一项重要工作，是治国理政、定国安邦的大事"①。有效推进新时代马克思主义大众化，应当继续发挥党的新闻舆论工作的重要作用。

### 2. 党的新闻舆论工作的职责使命

在党的新闻舆论工作座谈会上，习近平概括了新的时代条件下新闻舆论所承担的职责使命："高举旗帜、引领导向，围绕中心、服务大局，团结人民、鼓舞士气，成风化人、凝心聚力，澄清谬误、明辨是非，联接中外、沟通世界。"②这48个字，全面而鲜明地指明了新闻舆论工作的基本要求。其一，高举旗帜、引领导向。它要求新闻舆论工作高举中国特色社会主义伟大旗帜，始终保持坚定正确的政治导向。习近平强调："中国特色社会主义是社会主义而不是其他什么主义，科学社会主义基本原则不能丢，丢了就不是社会主义。"③这是因为，是社会主义而不是其他的主义解决了我国在不同阶段面临的历史性课题，是历史和人民决定了我们选择走社会主义道路。党的新闻舆论工作要坚持正面宣传的原则，为广大人民群众更好地呈现中国特色社会主义的优越性，不断为社会传播正能量，以此提高人民群众对其他形形色色主义的免疫力，增强他们的道路自信、理论自信、制度自信和文化自信。其二，围绕中心、服务大局。习近平曾经指出："我们要牢牢抓好党执政兴国的第一要务，始终代表中国先进生产力的发展要求，坚持以经济建设为中心，在经济不断发展的基础

①习近平. 习近平谈治国理政：第二卷 [M]. 北京：外文出版社，2017：331.

②习近平在党的新闻舆论工作座谈会上强调　坚持正确方向创新方法手段　提高新闻舆论传播力引导力 [N]. 人民日报，2016-02-20.

③习近平. 习近平谈治国理政 [M]. 北京：外文出版社，2014：22.

上，协调推进政治建设、文化建设、社会建设、生态文明建设及其他各方面建设。"①新闻舆论工作围绕中心、服务大局，就是要充分发挥宣传思想工作的主动性、积极性，以自身独特优势融入建设中国特色社会主义的总布局，坚持围绕经济建设这个中心，服务好改革发展稳定这个大局。具体而言，要做到在思想和行动上同党中央保持高度一致，在国内外重大问题上把好政治关，同时以通俗易懂的语言向人民大众解读党的理论、路线、方针、政策，壮大主流思想舆论，不断提升舆论引导能力。其三，团结人民、鼓舞士气。"实现'两个一百年'奋斗目标，需要全社会方方面面同心干，需要全国各族人民心往一处想、劲往一处使。"②为此，一方面，党的新闻舆论工作应当向广大人民群众阐释社会共同理想、共同目标的重要意义，调动人民群众的积极性，为实现中华民族伟大复兴的中国梦而贡献力量，同时向人民群众解读社会共同价值观的基本内涵，为建设中国特色社会主义凝心聚力；另一方面，新闻舆论工作要着眼于激励人心、鼓舞士气，加大正面宣传力度，"引导我国人民树立和坚持正确的历史观、民族观、国家观、文化观，增强做中国人的骨气和底气"③。其四，成风化人、凝心聚力。所谓成风化人，就是通过积极倡导良好的社会风气，潜移默化地教化广大人民群众，为推动社会和谐发展凝聚共识、积聚力量。习近平强调，要"努力用中华民族创造的一切精神财富来以文化人、以文育人"④。可见，倡导良好的社会风气，离不开先进文化的引导作用。当前，中国社会出现了一股不可忽视的浮躁、功利之气，"犬儒主义盛行、人际关系恶化、社会诚信缺失……不劳而获、一夜暴富被仰慕推崇……"⑤。习近平在2014年文艺工作座谈会上不无担忧地指出，当前文艺最突出的问题是浮躁。"一些人觉得，为一部作品反复打磨，不能及时兑换成实用价值，或者说不能及时兑换成人民币，不值得，也不划算。"⑥习近平进而强调："文艺不能当

①习近平.习近平谈治国理政 [M].北京：外文出版社，2014：11.

②习近平.在网络安全和信息化工作座谈会上的讲话 [N].人民日报，2016-04-26.

③习近平.习近平谈治国理政 [M].北京：外文出版社，2014：162.

④习近平.习近平谈治国理政 [M].北京：外文出版社，2014：164.

⑤熊玠.传统文化是独特战略资源：《习近平时代》选载 [N].学习时报，2016-06-16.

⑥习近平.在文艺工作座谈会上的讲话 [N].人民日报，2015-10-15.

市场的奴隶，不要沾满了铜臭气。"①文艺上的浮躁之风，其实也在一定程度上折射出当前一些不良社会风气。面对这些问题，党的新闻舆论工作者应当积极承担起社会教化的重任，弘扬社会主义道德，引导人们追求良好的社会新风尚，尤其应当广泛传播社会道德模范先进事迹，"激励人民群众崇德向善、见贤思齐，鼓励全社会积善成德、明德惟馨"②，为实现"两个一百年"目标凝心聚力。其五，澄清谬误、明辨是非。当前，在我国社会所出现的新自由主义、民主社会主义、历史虚无主义、民主宪政观等思潮，不仅否定马克思主义及其中国化成果，而且毫不掩饰地否定四项基本原则，这给广大人民群众带来了一定困惑。党的新闻舆论工作不仅要旗帜鲜明地传播正能量，而且要拿起马克思主义哲学这个强大武器，科学批判种种错误思潮，为人民群众澄清谬误、明辨是非。其六，联接中外、沟通世界。当代中国的发展成就举世瞩目，只有让国际社会更好地了解我们的成就、我们的话语，讲述好中国故事，才能更好地提升中国形象，为我们进一步发展创造良好的国际环境。党的新闻舆论工作一方面要向世界说明："有着5000多年历史的中华文明，始终崇尚和平，和平、和睦、和谐的追求深深植根于中华民族的精神世界之中，深深溶化在中国人民的血脉之中。"③另一方面，要加强提炼和阐释当代中国价值观念，"拓展对外传播平台和载体，把当代中国价值观念贯穿于国际交流和传播方方面面"④，并运用多种传播载体和手段，努力向世界展示中国文化独特魅力。

### 3. 党的新闻舆论工作的原则要求

除了重大作用和职责使命外，习近平还深入阐发了党的新闻舆论工作的一些原则要求，为加强新闻舆论工作提供了具体指导。第一，新闻舆论工作应当始终坚持党性原则。党的所有宣传工作都要坚决维护党中央的权威，体现党的意志和主张，增强思想上政治上行动上的看齐意识，同时要自觉把党性和人民性结合起来，密切联系广大人民群众的实际，有效把党的理论、路线、方针、

①习近平.在文艺工作座谈会上的讲话[N].人民日报，2015-10-15.

②习近平.习近平谈治国理政[M].北京：外文出版社，2014：158.

③习近平.习近平谈治国理政[M].北京：外文出版社，2014：265.

④习近平.习近平谈治国理政[M].北京：外文出版社，2014：161.

政策转化为人们的行动，增强人们改造客观世界和主观世界的能力。还要通过马克思主义新闻观教育培育正确新闻观，"引导广大新闻舆论工作者做党的政策主张的传播者、时代风云的记录者、社会进步的推动者、公平正义的守望者"①。第二，把正确舆论导向贯穿到新闻舆论工作各方面和环节中去。不仅党报党刊、电台电视台、新闻报道等要坚持正确导向，而且都市类报刊、广告宣传、娱乐类新闻等也要坚持正确导向，以更好地为人民大众传播社会正能量，持续增强主流思想舆论的感染力、吸引力。第三，着眼于团结稳定鼓劲，坚持正面宣传为主。自己学习运用辩证唯物主义的基本方法，科学把握新闻的真实性问题，既要在尊重事实的基础上准确描述个别事实，也要有宏观视野，从总体上反映整个事件的全貌。同时，在批评社会丑恶现象的时候，也要时刻保证新闻报道的客观性和准确性，做到不偏不倚、不可偏废。第四，党的新闻舆论工作要坚持改进创新。"随形势发展，党的新闻舆论工作必须创新理念、内容、体裁、形式、方法、手段、业态、体制、机制，增强针对性和实效性。"②其中，除了适应形势发展构建舆论引导新格局、不断提高舆论工作时度效、积极增强国际传播能力外，还应当充分发挥新媒体的传播优势以加强新闻舆论工作。当代社会，网络信息化持续推进，使各国的意识形态建设面临更加复杂的舆论环境。"一种信息的传播方式就是一种意识形态的传播途径，掌握一种信息传播方式就拥有了传播某种意识形态的权力和影响力。"③为此，新闻舆论工作要着眼于形成网上正面舆论强势，推动传统媒体和新兴媒体融合发展，通过改进网上宣传方式增强传播力、引导力、影响力、公信力，从而巩固好主流新闻舆论阵地。此外，要积极培育健康向善的网络文化，唱响网上主旋律，"用社会主义核心价值观和人类优秀文明成果滋养人心、滋养社会，做到正能量充沛、主旋律高昂，为广大网民特别是青少年营造一个风清气正的网

①习近平在党的新闻舆论工作座谈会上强调　坚持正确方向创新方法手段　提高新闻舆论传播力引导力 [N]. 人民日报，2016-02-20.

②习近平在党的新闻舆论工作座谈会上强调　坚持正确方向创新方法手段　提高新闻舆论传播力引导力 [N]. 人民日报，2016-02-20.

③张小平，等. 当前中国文化安全问题研究 [M]. 北京：社会科学文献出版社，2012: 33.

络空间"①。

## （二）大力弘扬社会主义核心价值观

弘扬社会主义核心价值观是新时代马克思主义大众化题中应有之义，因为我们不仅要推动马克思主义经济、军事、科技、生态等思想大众化，也应当推动马克思主义政治、文化等思想大众化，而社会主义核心价值观是社会主义理想目标、价值诉求、主要原则等的高度凝练和集中表达。所以，大力弘扬社会主义核心价值观，一方面是新时代马克思主义大众化的重要内容，另一方面，它又可以为新时代马克思主义大众化提供重要精神动力和支撑。

### 1. 核心价值观是评判是非曲直的价值标准

无论哪一个国家和民族，都需要用一种最持久、最深层的精神因素来凝心聚力，并用它来衡量和约束特定社会人们的思想和行为，这种精神因素就是特定社会共同认可的核心价值观。习近平对此总结道："核心价值观，承载着一个民族、一个国家的精神追求，体现着一个社会评判是非曲直的价值标准。"②不仅如此，在国家和社会系统运行层面，以核心价值观整合社会意识，还"是社会系统得以正常运转、社会秩序得以有效维护的重要途径，也是国家治理体系和治理能力的重要方面"③。从理论上看，核心价值观之所以有如此重要的功能，是因为"辩证唯物主义并不否认意识对物质的反作用，而是认为这种反作用有时是十分巨大的"④。强调核心价值观的重要性，强调社会共同理想的重要性，强调科学理论的重要性，无不体现了精神和物质相互转化的辩证法思想。从历史来看，不同社会形态的核心价值观，都为维系特定社会运转和稳定发挥了不可或缺的作用。也就是说，不同的社会形态都具有特定的核心价值

---

①习近平. 在网络安全和信息化工作座谈会上的讲话 [N]. 人民日报，2016-04-26.

②习近平. 习近平谈治国理政 [M]. 北京：外文出版社，2014：168.

③习近平. 习近平谈治国理政 [M]. 北京：外文出版社，2014：163.

④习近平在中共中央政治局第二十次集体学习时强调 坚持运用辩证唯物主义世界观方法论 提高解决我国改革发展基本问题本领 [N]. 人民日报，2015-01-25.

观，例如，"尊卑""忠诚""服从"是封建社会所独具的核心价值观念，"自由""民主""平等"等是资本主义主要的核心价值观，而社会主义社会则以"劳动""奉献""公正""平等""集体主义"等为核心价值观。各种不同价值观都为不同社会形态提供着精神支撑。从现实来看，我国是一个大国，人口和民族众多，城乡差异和地域差异明显，以全社会共同认可的核心价值观来凝心聚力，事关国家前途命运和人民幸福安康。与此同时，在市场经济环境下文化多样化、观念大碰撞的时代，我国社会出现了不少问题。习近平对此归结道："其中比较突出的一个问题就是一些人价值观缺失，观念没有善恶，行为没有底线，什么违反党纪国法的事情都敢干，什么缺德的勾当都敢做，没有国家观念、集体观念、家庭观念，不讲对错，不问是非，不知美丑，不辨香臭，浑浑噩噩，穷奢极欲。"①如果以上问题得不到有效解决，就会反过来给我们的经济建设带来一定阻碍。正如邓小平所告诫的，如果任由社会风气坏下去，就有可能使我们的社会主义建设变质。基于这样的社会现实，习近平强调中国特色社会主义要搞好两个文明，并指出核心价值观是一种德，尤其是一种大德，只有很好地培育和践行这种大德，才能为社会确立评判是非曲直的价值标准，才能很好地兴国立人。

## 2. 把核心价值观贯穿到社会生活方方面面

习近平指出，要通过多种载体和途径，把核心价值观贯彻到社会生活方方面面，使之内化为人民群众的精神追求，并外化为实实在在的行动。其一，培育核心价值观要从学校教育抓起，通过推动教材话语转换，使核心价值观的重要意义、主要内涵、基本特征等内容更加符合学生的接受水平和接受特征，并积极推动这些内容进教材、进课堂、进学生头脑。其二，通过正面舆论宣传，以及弘扬社会先进典型，向人们传播核心价值观。只有通过耐心的宣传解读以及潜移默化的熏陶感化，才能帮助人们认知和认同核心价值观。在这个过程中，要注重接地气、贴民心，在找准人民道德情感切入点的基础上，用通俗易懂的语言和人民喜闻乐见的形式，传播和弘扬核心价值观。其三，充分发挥先进文化的熏陶作用。一方面，运用各种文化形式生动地表现和传播核心价值

①习近平.在文艺工作座谈会上的讲话[N].人民日报，2015-10-15.

观，潜移默化地引导人们认识真善美和假恶丑。在这个过程中，要把握优秀作品的衡量和评价标准，我们应当坚定文化自觉和文化自信，而不能唯洋是从，跟在他人后面亦步亦趋，更不能"热衷于'去思想化''去价值化''去历史化''去中国化''去主流化'那一套"①。另一方面，要充分发挥中华优秀传统文化怡情养志的作用。习近平指出，作为中华民族的精神基因，中华优秀传统文化一直根植在中国人内心，对人们的思想行为影响深远。实际上，我们现在提倡的核心价值观，在一定程度上体现了对传统文化的传承和升华。"培育和弘扬社会主义核心价值观必须立足中华优秀传统文化。"②努力用经过创造性转化和创新性发展的传统文化涵养核心价值观。其四，要将核心价值观落细、落小、落实，使人们通过自身实践去感知和领悟它。一方面要在市民公约、乡规民约和学生守则等中体现核心价值观的要求，为人们践行它提供基本遵循；另一方面要通过建立礼仪制度，有效增强人们对核心价值观的认同感和归属感。其五，要为人们践行核心价值观提供一定的制度保障。不仅要在社会管理中倡导核心价值观，"注重在日常管理中体现价值导向，使符合核心价值观的行为得到鼓励、违背核心价值观的行为受到制约"③；还要充分发挥法律法规的保障作用，不断强化规章制度实施力度，为广泛、持续培育和践行核心价值观提供稳定的制度保障。

### 3. 抓好培育和践行核心价值观的重点人群

2014 年 5 月底，习近平在上海考察时指出，要面向全社会做好培育和践行核心价值观工作，"特别要抓好领导干部、公众人物、青少年、先进模范等重点人群"④。只有抓好这些重点人群，才能更加有效地在全社会形成榜样示范、带动效应，从而更加切实地把培育核心价值观落到实处。其一，抓好领导

①习近平 . 在文艺工作座谈会上的讲话 [N]. 人民日报，2015-10-15.

②习近平 . 习近平谈治国理政 [M]. 北京：外文出版社，2014：163-164.

③习近平在中共中央政治局第十三次集体学习时强调　把培育和践行社会主义核心价值观作为凝魂聚气强基固本的基础工程 [N]. 人民日报，2014-02-26.

④习近平在上海考察时强调　当好全国改革开放排头兵　不断提高城市核心竞争力 [N]. 人民日报，2014-05-25.

干部群体。习近平针对领导干部指出："榜样的力量是无穷的，广大党员、干部必须带头学习和弘扬社会主义核心价值观，用自己的模范行为和高尚人格感召群众、带动群众。"①领导干部不仅要以身作则、率先垂范，而且要担负起培育和弘扬核心价值观的重要责任：一方面，为落实、落细核心价值观制定切实可行的具体政策，为之营造良好的社会环境，同时把核心价值观要求体现到中国特色社会主义建设总体布局中去，并把核心价值观培育工作融入实际工作中；另一方面，建立健全相关领导体制和工作机制，为持续、深入推进核心价值观培育工作提供制度保障。其二，抓好公众人物人群。公众人物包括领导人、企业家、影视明星、艺术家等为人们所熟悉和关注的群体，他们不仅在特定领域有着重要影响，而且与特定公众利益密切相关。正因为具有这样的特殊性，所以公众人物的言行举止在一定程度上影响着社会风尚，并对特定人群有着较大的示范效应。习近平曾对互联网企业家说："企业做得越大，社会责任、道德责任就越大，公众对企业这方面的要求也就越高。"②其他领域的公众人物也一样承担着重要的社会责任和道德责任。只有不仅在口头上认可和接受核心价值观，而且在行动上争做践行核心价值观的表率，公众人物才能真正为社会贡献正能量，为培育和践行核心价值观担当起光荣的责任。其三，抓好青少年群体。2014 年 5 月，习近平先后对青年与少年强调培育和践行核心价值观这一问题，这充分表明做好青少年群体价值引导工作的重要性。习近平指出，之所以对少年儿童讲核心价值观问题，是因为少年儿童是祖国未来、民族希望，"任何一个思想观念，要在全社会树立起来并长期发挥作用，就要从少年儿童抓起"③，具体做到"记住要求、心有榜样、从小做起、接受帮助"④。习近平对广大青年强调核心价值观问题，"是因为青年的价值取向决定了未来整个社会的价值取向，而青年又处在价值观形成和确立的时期，抓好这一时期

①习近平.习近平谈治国理政 [M].北京：外文出版社，2014：164.

②习近平.在网络安全和信息化工作座谈会上的讲话 [N].人民日报，2016-04-26.

③习近平.从小积极培育和践行社会主义核心价值观：在北京市海淀区民族小学主持召开座谈会时的讲话 [N].人民日报，2014-05-31.

④习近平.从小积极培育和践行社会主义核心价值观：在北京市海淀区民族小学主持召开座谈会时的讲话 [N].人民日报，2014-05-31.

的价值观养成十分重要"①。他还勉励广大青年从勤学、修德、明辨和笃实这四方面下功夫，努力树立和培育核心价值观。其四，抓好先进模范。各种媒体应当增强传播核心价值观的社会责任，运用大众化语言和人民群众喜闻乐见的形式，大力宣扬社会先进典型，引导人们自觉践行核心价值观。

### （三）着力解决群众关心的现实问题

新时代马克思主义大众化要落到实处、取得实效，就应当着力解决广大人民群众关心的现实问题：一方面通过改善民生、切实增进人民群众福祉为新时代马克思主义大众化奠定一定的物质基础；另一方面通过持续推进党风廉政建设和反腐败斗争，为新时代马克思主义大众化夯实群众基础，并为之提供清朗的政治生态环境。

#### 1. 坚持在发展中保障和改善民生

促进社会公平正义是社会主义的重要本质特征，只有不断增进人民群众福祉，让人民群众对改革有更多的获得感，才能真正体现社会主义的优越性，同时为推进马克思主义大众化奠定物质基础。反之，如果忽视保障和改善民生，则会离社会主义目标渐行渐远，甚至与社会主义道路背道而驰。邓小平曾说，"如果我们的政策导致两极分化，我们就失败了……"②。正因为民生问题事关重大，所以习近平在新一届政治局常委同中外记者见面时强调，人民群众"期盼有更好的教育、更稳定的工作、更满意的收入、更可靠的社会保障、更高水平的医疗卫生服务、更舒适的居住条件、更优美的环境"③。他总结道："人民对美好生活的向往，就是我们的奋斗目标。"④可以看到，党的十八大以来，新一届中央领导集体始终坚持以人民为中心的发展思想，坚持把增进人民福祉当作经济发展的出发点和落脚点，"部署经济

---

①习近平. 习近平谈治国理政 [M]. 北京：外文出版社，2014：172.

②邓小平. 邓小平文选：第3卷 [M]. 北京：人民出版社，1993：111.

③习近平. 习近平谈治国理政 [M]. 北京：外文出版社，2014：4.

④习近平. 习近平谈治国理政 [M]. 北京：外文出版社，2014：4.

工作、制定经济政策、推动经济发展都要牢牢坚持这个根本立场"①。在《关于十八届三中全会的说明》一文中，习近平强调应当创造更加公平正义的社会环境，尽力使改革成果惠及全体人民。他还进一步要求："在全面深化改革进程中，遇到关系复杂、难以权衡的利益问题，要认真想一想群众实际情况究竟怎样？群众到底在期待什么？群众利益如何保障？群众对我们的改革是否满意？"②以此提高各项决策的科学性，并不断调动人民群众的积极性、主导性和创造性。

具体而言，在保障和改善民生上，新一届中央领导集体抓住人民群众最关心最直接最现实的利益问题，锲而不舍地解决一件又一件实事，切实增进了人民群众的福祉。其一，让人民群众享有更好更公平的教育。教育是实现中华民族伟大复兴的中国梦的重要基石，它事关国家的未来发展。习近平指出，我国应当始终重视教育的基础性地位，不断扩大教育投入，"努力发展全民教育、终身教育，建设学习型社会，努力让每个孩子享有受教育的机会，努力让13亿人民享有更好更公平的教育"③。而促进教育公平，应当着重加强对家庭经济困难学生资助，并着重缩小区域、城乡和校际之间的现实差距。其二，做实就业再就业工作。就业是民生之本，做好就业工作，首先要实施积极的就业政策，通过发展经济创造更多的就业机会；其次，坚决维护人们平等就业的权利，想方设法打破城乡、地区和行业分割现象，积极消除就业过程中的身份歧视、性别歧视；最后，帮助高校毕业生择业、就业、创业，加强对其他社会群体的就业援助，并在社会推行终身职业技能培训制度。此外，还要构建和谐劳动关系，"坚持社会公平正义，排除阻碍劳动者参与发展、分享发展成果的障碍，努力让劳动者实现体面劳动、全面发展"④。其三，为人民群体提供更满意的收入。收入分配是人民群众共享发展成果的最直接的方式，所以，首先要

---

①习近平在中共中央政治局第二十八次集体学习时强调 立足我国国情和我国发展实践 发展当代中国马克思主义政治经济学 [N]. 人民日报，2015-11-25.

② 习近平. 切实把思想统一到党的十八届三中全会精神上来 [N]. 人民日报，2014-01-01.

③习近平. 习近平谈治国理政 [M]. 北京：外文出版社，2014：191.

④习近平. 习近平谈治国理政 [M]. 北京：外文出版社，2014：46.

保护好人民群众劳动所得，按照客观实际确保劳动报酬与劳动生产率同步提高，提高初次分配中劳动报酬的比重。与此同时，还要规范收入分配秩序，"保护合法收入，调节过高收入，清理规范隐性收入，取缔非法收入，增加低收入者收入，扩大中等收入者比重，努力缩小城乡、区域、行业收入分配差距"①，努力形成橄榄型的合理分配格局。其四，逐步健全更可靠的社会保障制度。在每一个现代社会中，社会保障都发挥着稳定器的作用。健全保障制度，应当积极实施全面参保计划，在完善城镇职工和城乡居民养老制度、落实城镇基本医疗保险政策，建立生育、失业和工伤保险制度的同时，建立健全各种社会救助体系，不断提升社会的整体福利水平。其五，为人民群众提供更好的医疗卫生服务。身体是革命和建设的本钱，所以，维护人民群众的健康权益，是全面建成小康社会的应有之义。应当着重通过深化医疗保障和服务改革，逐步解决人民群众看病难、看病贵的问题，并合理配置医疗卫生资源，努力使人人享有最基本的医疗卫生服务。其六，为人民群众提供更舒适的居住条件。习近平指出："住房问题既是民生问题也是发展问题，关系千家万户切身利益，关系人民安居乐业，关系经济社会发展全局，关系社会和谐稳定。"②所以，要带着促进社会公平正义的使命感，积极推进住房保障建设，努力满足人民群众基本住房需求，逐步使人民群众住有所居，让每一个人共享改革发展成果。

### 2. 举全党全社会之力推动乡村振兴

习近平经常强调："没有农村的小康，特别是没有贫困地区的小康，就没有全面建成小康社会。"③如何帮助贫困地区更好更快地脱贫脱困，使他们过上殷实幸福的生活，始终是习近平关注的重点。1992年出版的《摆脱贫困》一书，以脱贫致富为主题，反映了习近平在宁德地区任地委书记期间（1988

---

① 中共中央文献研究室. 十八大以来重要文献选编：上 [M]. 北京：中央文献出版社，2014：537.

② 习近平在中共中央政治局第十次集体学习时强调　加快推进住房保障和供应体系建设　不断实现全体人民住有所居的目标 [N]. 人民日报，2013-10-31.

③ 习近平. 习近平谈治国理政 [M]. 北京：外文出版社，2014：189.

年 9 月—1990 年 5 月），为加快闽东地区发展所提出的诸多新理念、新观点和新方法中，许多思路和做法为我国打好脱贫攻坚战提供了重要启示。在 2015 减贫与发展高层论坛演讲中，习近平仍旧表达了对扶贫工作的重视："40 多年来，我先后在中国县、市、省、中央工作，扶贫始终是我工作的一个重要内容，我花的精力最多。"①他还说："这两年，我又去了十几个贫困地区，到乡亲们家中，同他们聊天。他们的生活存在困难，我感到揪心。他们生活每好一点，我都感到高兴。"②不能否认，中华人民共和国成立以来，人民群众在党的带领下持续向贫困宣战，并取得了令世界瞩目的成就，尤其是改革开放至今，我国实现 7 亿农村贫困人口摆脱贫困，成为世界上减贫人口最多的国家，这很好地体现了中国特色社会主义的优越性。然而，在肯定这些成就的同时，我们也应当清醒认识到，截至 2014 年年底，我国仍有 7000 多万农村贫困人口，这个数字表明了我国脱贫攻坚形势的严峻性。为更加有效推进脱贫攻坚战，党中央于 2015 年年底召开中央扶贫开发工作会议。会上，习近平全面阐述了当前扶贫开发工作的重大理论和实践问题，为全国各地开展扶贫工作提供了基本遵循。其一，明确"十三五"脱贫攻坚战的目标。习近平明确指出，脱贫攻坚战的目标是，"到 2020 年稳定实现农村贫困人口不愁吃、不愁穿，农村贫困人口义务教育、基本医疗、住房安全有保障；同时实现贫困地区农民人均可支配收入增长幅度高于全国平均水平、基本公共服务主要领域指标接近全国平均水平"③。并强调，脱贫攻坚已到了最后的冲刺阶段，当前要通过坚定决心、明确思路、找准措施实现上述目标，绝不落下一个贫困地区和一个贫困群众。其二，坚持以精致扶贫、精准脱贫的原则提高攻坚成效。精准扶贫，一方面要通过实实在在的调查研究，弄清楚贫困人口、贫困程度和致贫原因等基本问题，在此基础上做到因人、因户施策；另一方面，在明确"扶持谁"这一

---

① 习近平.携手消除贫困　促进共同发展：在 2015 减贫与发展高层论坛的主旨演讲 [N].人民日报，2015-10-17.

② 习近平.携手消除贫困　促进共同发展：在 2015 减贫与发展高层论坛的主旨演讲 [N].人民日报，2015-10-17.

③ 习近平在中央扶贫开发工作会议上强调　脱贫攻坚战冲锋号已经吹响　全党全国咬定目标苦干实干 [N].人民日报，2015-11-29.

问题的基础上，还要解决"谁来扶"的问题，要形成扶贫开发工作的各项机制，形成脱贫攻坚合力，确保到 2020 年实现脱贫目标。其三，通过实施"五个一批"工程解决"怎么扶"的问题。所谓"五个一批"工程，是指根据贫困地区和人口实际情况，通过发展生产易地搬迁、生态补偿、发展教育和社会保障兜底等多样措施，全方位、有针对地解决好"怎么扶"问题，确保精准扶贫政策真正得到落实。

习近平总书记在庆祝中国共产党成立 100 周年大会上庄严宣告："经过全党全国各族人民持续奋斗，我们实现了第一个百年奋斗目标，在中华大地上全面建成了小康社会，历史性地解决了绝对贫困问题，正在意气风发向着全面建成社会主义现代化强国的第二个百年奋斗目标迈进。"[①]完成脱贫攻坚、全面建成小康社会的历史任务，是党的十八大以来具有重大现实意义和深远意义的三件大事之一。在这个基础上，党的二十大报告进一步指出，全面建设社会主义现代化国家，最艰巨最繁重的任务仍然在农村。所以习近平总书记强调："在向第二个百年奋斗目标迈进的历史关口，在脱贫攻坚目标任务已经完成的形势下，在新冠肺炎疫情加剧世界动荡变革的特殊时刻，巩固拓展脱贫攻坚成果，全面推进乡村振兴，加快农业农村现代化，是需要全党高度重视的一个关系大局的重大问题。"[②]

### 3. 坚决打赢反腐败斗争攻坚战持久战

坚持不懈开展党风廉政建设和深入推进反腐败斗争，是全面从严治党的重大任务。这是因为："为政清廉才能取信于民，秉公用权才能赢得人心。"[③]一方面，绝不能忽视党的工作作风问题，"如果不坚决纠正不良风气，任其发展下去，就会像一座无形的墙把我们党和人民群众隔开，我们党

① 习近平. 在庆祝中国共产党成立 100 周年大会上的讲话 [M]. 北京：人民出版社，2021：2.

② 习近平. 坚持把解决好"三农"问题作为全党工作重中之重 举全党全社会之力推动乡村振兴 [J]. 求是，2022（07）.

③ 习近平. 习近平谈治国理政 [M]. 北京：外文出版社，2014：385.

就会失去根基、失去血脉、失去力量"①；另一方面，"一些国家因长期积累的矛盾导致民怨载道、社会动荡、政权垮台，其中贪污腐败就是一个很重要的原因"②，所以要时刻铭记"物必先腐，然后虫生"的深刻道理，以零容忍的坚决态度惩治任何腐败行为。鉴于党风廉政建设的极其重要性，党的十八大以来，我们党先后开展了以解决"四风"问题为内容的群众路线教育实践活动，以及在县处级以上领导干部中进行的"三严三实"专题教育活动；而从 2016 年开始，党中央决定把全面从严治党延伸到广大基层党员层面，着重在全体党员中开展"两学一做"学习教育活动，进一步解决党内存在的思想、组织、作风和纪律等问题。这几次重大学习教育活动都取得了明显实效，赢得了广大人民群众的肯定和拥护，这也为推进马克思主义大众化创造了良好政治生态环境。

具体而言，党的十八大以来，我们党高度重视党风廉政建设，主要表现在以下几方面内容。第一，密切联系群众，坚持不懈纠正党内"四风"。当前，由于世情、国情和党情深刻变化，我们党也面临精神懈怠、能力不足、脱离群众、消极腐败等危险，其中党内脱离群众现象大量存在，它们突出表现在"四风"上。习近平强调，"党的先进性和党的执政地位都不是一劳永逸、一成不变的，过去先进不等于现在先进，现在先进不等于永远先进"③，而保持党的先进性，巩固党的执政地位，最根本要做到坚持党的群众路线，通过密切联系群众不断顺应群众期盼。对此，习近平总结和借鉴延安整风的经验，对党的群众路线教育实践活动提出"照镜子、正衣冠、洗洗澡、治治病"的总体要求，要求党员干部不断自我反省，做到自我净化、完善、革新和提高，从而保持自身的先进性和纯洁性。第二，以零容忍态度惩治腐败。党的十八大以来，我们坚持推进全面从严治党，持续反腐败高压态势，取得了反腐惩恶重大成效。"2015 年，国家统计局问卷调查结果显示，91.5% 的群众对党风廉政建设和反

---

① 习近平. 习近平谈治国理政 [M]. 北京：外文出版社，2014：387.

② 习近平. 习近平谈治国理政 [M]. 北京：外文出版社，2014：16.

③ 习近平. 习近平谈治国理政 [M]. 北京：外文出版社，2014：367.

腐败工作成效表示很满意或比较满意。"①与此同时，我们也看到，"滋生腐败的土壤依然存在，反腐败形势依然严峻复杂，一些不正之风和腐败问题影响恶劣、亟待解决"②。所以，坚持不懈惩治腐败，是全党和人民的共同愿望。习近平指出，对于一些党员干部进行严肃查处，向全党全社会表明，"我们所说的不论什么人，不论其职务多高，只要触犯了党纪国法，都要受到严肃追究和严厉惩处，绝不是一句空话"③。除了坚决查处领导干部腐败案件外，习近平还强调"要在减少腐败存量的同时，坚决遏制腐败增量，推进反腐倡廉工作制度化、规范化"④，把权力关进制度的笼子里，形成不敢腐、不能腐、不想腐的有效机制。第三，筑牢拒腐防变的思想道德防线。习近平指出，一些党员干部出现"四风"问题、贪污腐败，最根本是由于信仰迷茫和精神迷失。所以，除了大力反对"四风"和严惩贪污腐败行为之外，还应当一方面引导党员干部补好理想信念之"钙"，"把理想信念作为照亮前路的灯、把准航向的舵，转化为对奋斗目标的执着追求、对本职工作的不懈进取、对高尚情操的笃定坚持、对艰难险阻的勇于担当"⑤；另一方面，要抓好党员干部思想道德建设，引导他们"坚守'三严三实'，拧紧世界观、人生观、价值观这个'总开关'，做到心中有党、心中有民、心中有责、心中有戒"⑥，"不断增强宗旨意识，始终保持共产党人的高尚品格和廉洁操守"⑦。

党的二十大报告强调："以零容忍态度反腐惩恶，更加有力遏制增量，更

①习近平.在第十八届中央纪律检查委员会第六次全体会议上的讲话[N].人民日报，2016-05-03.

②习近平.习近平谈治国理政[M].北京：外文出版社，2014：394.

③习近平.习近平谈治国理政[M].北京：外文出版社，2014：388.

④习近平在中共中央政治局第二十四次集体学习时强调 加强反腐倡廉法规制度建设 让法规制度的力量充分释放[N].人民日报，2015-06-28.

⑤习近平春节前夕赴江西看望慰问广大干部群众 祝全国各族人民健康快乐吉祥 祝改革发展人民生活蒸蒸日上[N].人民日报，2016-02-04.

⑥习近平.在庆祝中国共产党成立95周年大会上的讲话[N].人民日报，2016-07-02.

⑦习近平在中共中央政治局第五次集体学习时强调 积极借鉴我国历史上优秀廉政文化 不断提高拒腐防变和抵御风险能力[N].人民日报，2013-04-21.

加有效清除存量，坚决查处政治问题和经济问题交织的腐败，坚决防止领导干部成为利益集团和权势团体的代言人、代理人，坚决治理政商勾连破坏政治生态和经济发展环境问题，决不姑息。"①只有这样，才能从根本上做到干部清正、政府清廉、政治清明，牢牢筑好拒腐防变的思想道德防线。

---

① 习近平.高举中国特色社会主义伟大旗帜　为全面建设社会主义现代化国家而团结奋斗：在中国共产党第二十次全国代表大会上的报告 [M]. 北京：人民出版社，2022：69.

# 七、新时代马克思主义大众化的推进策略

　　自党的十八大以来，习近平不仅因为推出一系列治国理政新方略引起国内和国际高度关注，而且以其自身人格魅力赢得了中国人民和国际社会的广泛赞誉。至今，习近平"已经六次入选美国《时代》周刊全球 100 位年度最具影响力人物"①，一些国际知名政要评价他是"'继邓小平之后最具有转型色彩的中国领导人''中兴领袖''将成为中国第一位真正的全球领袖'"②。更有国际知名学者通过深入研究习近平的成长背景、性格爱好、人格特征、从政经历等，鲜明地刻画了他的形象。例如，美国学者熊玠指出，习近平身上体现了以下六个特点：有铁腕，敢担当；取中道，善平衡；重官德，严自律；说真话，真性情；爱读书，精传播；亲百姓，厚人情。③而俄罗斯学者尤里·塔夫罗夫斯基通过两年时间研究，总体上感觉习近平是"真正的君子、一位高尚的

---

　　①周新民.核心能力：读懂治国理政这三年[M].北京：中共中央党校出版社，2016：引言2.

　　②周新民.核心能力：读懂治国理政这三年[M].北京：中共中央党校出版社，2016：引言2.

　　③熊玠.领导中国的究竟是怎样一个人：《习近平时代》选载[N].学习时报，2016-04-18.

人"，是"有极高才智的人、有坚定信念的人、担当现在和创造未来的人"①。正是因为具有这些宝贵品质，习近平赢得了广大人民群众的爱戴和拥护，而领袖具有的人格魅力又在一定程度上为全党推进新时代马克思主义大众化创造了有利条件。所以，广大马克思主义大众化工作队伍不仅要从理论层面阐释和学习习近平关于马克思主义大众化重要论述精神，而且要深入总结新时代推进马克思主义大众化工作的主要特点和基本经验，进而时刻以习近平总书记为榜样，率先垂范、以身作则，不断推进新时代马克思主义大众化工作落小、落细、落实。

## （一）掌握科学理论是推进马克思主义大众化的前提

马克思主义大众化，实际上是指"把马克思主义科学理论同人民群众的实践活动结合起来，用人民群众普遍接受的方式普及科学理论，使马克思主义科学理论为人民群众理解和接受、认同和信仰、掌握和运用，进而转化为认识世界、改造世界的强大物质力量"②。由此可见，马克思主义大众化工作队伍只有掌握了马克思主义科学理论，才能更好地推进新时代马克思主义大众化。更确切地说，掌握马克思主义的基本原理，并根据世情、国情、党情变化不断发展马克思主义，是马克思主义大众化工作队伍的基本素养。与时俱进学习马克思主义，不断加强自身专业知识素养，一直是习近平的良好习惯。2014 年，习近平接受俄罗斯电视台专访时说："读书可以让人保持思想活力，让人得到智慧启发，让人滋养浩然之气。"③读书已经成了他的一种生活方式。由于具有深厚的理论积淀和广泛的人文知识素养，习近平才能够在其从政道路上，高屋建瓴而又通俗易懂地向人民群众宣传和普及党的路线方针政策，使他们在潜移默化中认同和接受马克思主义。习近平新时代中国特色社会主义思想是当代中国马克思主义，它是引领新时代中国特色社会主义的纲领、旗帜和灵魂。广

---

①尤里·塔夫罗夫斯基.有极高才智有坚定信念的人：《习近平：正圆中国梦》导言 [N].学习时报，2016-01-18.

②何毅亭.新时代·新思想：二 [M].北京：人民出版社，2021：240-241.

③习近平接受俄罗斯电视台专访 [N].人民日报，2014-02-09.

大理论工作者只有通过坚持不懈地学习，既要学习马克思主义经典，领悟马克思主义原理，又要立足新时代，着眼新要求，学习和领悟习近平新时代中国特色社会主义思想，不断加强自身理论修养和专业知识素养，才能站稳理论制高点，游刃有余地引导人民群众真懂、真信马克思主义。

### 1. 掌握马克思主义基本立场观点方法

自中国共产党成立以来，马克思主义始终是我们的精神旗帜，是我们立党立国根本指导思想。正是以这一科学理论为指导，"使我们党得以摆脱以往一切政治力量追求自身特殊利益的局限，以唯物辩证的科学精神、无私无畏的博大胸怀领导和推动中国革命、建设、改革"①。因而习近平强调："在坚持马克思主义指导地位这一根本问题上，我们必须坚定不移，任何时候任何情况下都不能有丝毫动摇。"②在马克思主义大众化过程中，只有始终自觉坚持以马克思主义为指导，才能确保我们不会失去灵魂、迷失方向。为此，习近平指出，要做好宣传工作，首先要掌握科学理论、坚定理想信念。一方面，习近平勉励新干部、年轻干部通过理论学习掌握马克思主义基本立场观点方法，并运用它们观察和解决实际问题；另一方面，对于领导干部群体，习近平则要求他们系统掌握马克思主义理论，"老老实实、原原本本学习马克思列宁主义、毛泽东思想特别是邓小平理论、'三个代表'重要思想、科学发展观"③。

具体而言，坚持以马克思主义指导，推进马克思主义大众化，要着重解决以下三个问题。其一，解决真懂真信的问题。真懂真信，是广大党员自觉运用马克思主义解决问题，以及向人民群众宣传和普及马克思主义理论的基本前提。"真懂"才能"真信"，所以首先要通过理论学习掌握好马克思主义的基本立场观点方法。"只有真正弄懂了马克思主义，才能在揭示共产党执政规律、社会主义建设规律、人类社会发展规律上不断有所发现、有所创造，才能

---

①习近平.在庆祝中国共产党成立95周年大会上的讲话[N].人民日报,2016-07-02.

②习近平.在庆祝中国共产党成立95周年大会上的讲话[N].人民日报,2016-07-02.

③习近平在全国宣传思想工作会议上强调 胸怀大局把握大势着眼大事 努力把宣传思想工作做得更好[N].人民日报，2013-08-21.

更好识别各种唯心主义观点、更好抵御各种历史虚无主义谬论。"①一方面，马克思主义博大精深，学习它切忌抱着浅尝辄止、蜻蜓点水的态度，而是要下大力气、下苦功夫，老老实实、原原本本地读一些马克思主义经典原著。"要把读马克思主义经典、悟马克思主义原理当作一种生活习惯、当作一种精神追求，用经典涵养正气、淬炼思想、升华境界、指导实践。"②只有这样，才能真正理会马克思主义的真谛。正如马克思所言："在科学上没有平坦的大道，只有不畏劳苦沿着陡峭山路攀登的人，才有希望达到光辉的顶点。"③另一方面，"为学之道，必本于思"。在学习原著的过程中，不能死记硬背，而是要通过独立思考，不断将马克思主义理论内化到自身的知识体系中。"不深思则不能造于道，不深思而得者，其得易失。"习近平所引用的这句古文说明，只有经过独立思考，才能巩固好所学的科学理论，否则只会学而不固、学而无用。"真信"，实质上就是要在"真懂"的基础上，自觉树立坚定的理想信念。习近平指出，要"把理想信念建立在对科学理论的理性认同上，建立在对历史规律的正确认识上，建立在对基本国情的准确把握上"④。只有这样，才能不断增强道路自信、理论自信、制度自信和文化自信，"在胜利和顺境时不骄傲不急躁，在困难和逆境时不消沉不动摇，牢牢占据推动人类社会进步、实现人类美好理想的道义制高点"⑤。其二，解决好"为什么人"的问题。简单地说，"为什么人"的问题就是要搞清楚，我们真懂真信马克思主义，是为少数人服务还是为绝大多数人服务，这是马克思主义大众化的根本性、原则性问题。马克思、恩格斯明确指出："无产阶级的运动是绝大多数人的，为绝大多数人谋利益的独立的运动。"⑥社会主义的基本目标就是消灭少数人对绝大多

---

① 习近平.在哲学社会科学工作座谈会上的讲话 [N].人民日报，2016-05-19.

② 习近平.在马克思诞辰 200 周年大会上的讲话 [M].北京：人民出版社，2018：26.

③ 中共中央马克思恩格斯列宁斯大林著作编译局编译.马克思恩格斯文集：第 5 卷 [M].北京：人民出版社，2009：24.

④ 习近平.在同各界优秀青年代表座谈时的讲话 [N].人民日报，2013-05-05.

⑤ 习近平.在庆祝中国共产党成立 95 周年大会上的讲话 [N].人民日报，2016-07-02.

⑥ 中共中央马克思恩格斯列宁斯大林著作编译局编译.马克思恩格斯文集：第 2 卷 [M].北京：人民出版社，2009：42.

数人的剥削和压迫，致力于建立真正公正、平等的人类社会。所以，为广大人民群众谋利益，始终是我们党和国家一切工作的出发点和落脚点。在马克思主义宣传、普及工作中，只有尊重人民主体地位，关注人民群众的实际利益，贴近人民群众的实际，才能有效增强马克思主义大众化的吸引力、感染力、影响力、生命力。其三，要落实到"怎么用"上来。恩格斯指出："马克思的整个世界观不是教义，而是方法。它提供的不是现成的教条，而是进一步研究的出发点和供这种研究使用的方法。"①这就是说，我们学习马克思主义，不能仅仅停留在理论上，而是要不断运用马克思主义的科学方法去解决实际问题。正如习近平所言："我们坚持以马克思主义为指导，是要运用其科学的世界观和方法论解决中国的问题，而不是要背诵和重复其具体结论和词句，更不能把马克思主义当成一成不变的教条。"②坚持问题导向是马克思主义的题中应有之义。因此，"坚持以马克思主义为指导，必须落到研究我国发展和我们党执政面临的重大理论和实践问题上来，落到提出解决问题的正确思路和有效办法上来"③。只有切实研究和解决重大而紧迫的现实问题，才能不仅将马克思主义落到实处，而且可以不断推动马克思主义理论创新。

习近平在纪念马克思诞辰 200 周年大会上的讲话指出："马克思主义思想理论博大精深、常学常新。"④"要深入学、持久学、刻苦学，带着问题学、联系实际学，更好把科学思想理论转化为认识世界、改造世界的强大物质力量。"⑤新时代新征程，中国共产党仍然要学习实践马克思主义，从中汲取无穷智慧和力量，为全面建设社会主义现代化国家继续提供强大思想武器。

---

①中共中央马克思恩格斯列宁斯大林著作编译局编译.马克思恩格斯文集：第10卷[M].北京：人民出版社，2009：691.

②习近平.高举中国特色社会主义伟大旗帜　为全面建设社会主义现代化国家而团结奋斗：在中国共产党第二十次全国代表大会上的报告[M].北京：人民出版社，2022：17.

③习近平.在哲学社会科学工作座谈会上的讲话[N].人民日报，2016-05-19.

④习近平.在马克思诞辰200周年大会上的讲话[M].北京：人民出版社，2018：15.

⑤习近平.在马克思诞辰200周年大会上的讲话[M].北京：人民出版社，2018：26.

### 2. 开辟马克思主义中国化时代化新境界

马克思主义只有适应时代发展需要、回答时代问题，才能不断得到新的发展。因此，开辟马克思主义中国化时代化新境界，关键在于从理论和实践的结合上丰富和发展马克思主义。毛泽东指出："马克思列宁主义的普遍真理一经和中国革命的具体实践相结合，就使中国革命的面目为之一新。"[①]确实，自中国共产党拿起马克思主义这个武器，就不断用它来分析和解决中国革命、建设的问题，由此，马克思主义在引起中国社会深刻变革的同时，也经历了一个逐步中国化的过程。正是在马克思主义中国化一系列重大成果——毛泽东思想、邓小平理论、"三个代表"重要思想、科学发展观的指导下，我们取得了革命、建设、改革各个历史时期的伟大成就。正如习近平所说："马克思主义是随着时代、实践、科学发展而不断发展的开放的理论体系，它并没有结束真理，而是开辟了通向真理的道路。"[②]党的十八大以来，我们党紧紧围绕"两个一百年"奋斗目标，带领人民群众进行具有许多新的历史特点的伟大斗争，开创了党和国家事业发展新局面。"综合判断，我国发展仍处于可以大有作为的重要战略机遇期，也面临诸多矛盾叠加、风险隐患增多的严峻挑战。"[③]这些矛盾和挑战体现为：在意识形态领域呈现社会思想观念和价值取向日益多样化、社会思潮纷纭激荡的复杂态势；在经济发展上进入新常态，而且处于国际发展环境深刻变化的新环境；随着改革进入攻坚区和深水区，我国社会呈现各种深层矛盾和问题，各类风险和挑战也不断增多；在文化软实力建设上，面临如何在世界各种思想文化交流交融交锋下提升国际话语权的挑战；在党的建设上，党面临的各种风险和考验集中显现。为更加有效地应对以上国际国内各种风险和挑战，我们在坚持马列主义、毛泽东思想这个根本的同时，"要以我国改革开放和现代化建设的实际问题、以我们正在做的事情为中心，着眼于马克思主义理论的运用，着眼于对实际问题的理论思考，着眼于新的实践和新的发

---

①毛泽东. 毛泽东选集：第3卷 [M]. 北京：人民出版社，1991：796.

②习近平. 在哲学社会科学工作座谈会上的讲话 [N]. 人民日报，2016-05-19.

③中华人民共和国国民经济和社会发展第十三个五年规划纲要[N].人民日报，2016-03-18.

展"①。也就是说，我们应当综合判断新的时代特点和实践要求，坚持问题导向，"从我国改革发展的实践中挖掘新材料、发现新问题、提出新观点、构建新理论，加强对改革开放和社会主义现代化建设实践经验的系统总结"②，不断推进理论创新和实践创新，自觉推动马克思主义进一步中国化、时代化、大众化。

习近平担任总书记以来，紧密结合世情、国情、党情的新变化，坚持理论创新，继续回答了什么是社会主义、怎样建设社会主义，建设什么样的党、怎样建设党，实现什么样的发展、怎样发展等基本问题，"围绕改革发展稳定、内政外交国防、治党治国治军发表一系列重要讲话，形成一系列治国理政新理念新思想新战略，进一步丰富和发展了党的科学理论"③。党的十九大报告把党的十八大以来党的理论创新成果进一步概括为习近平新时代中国特色社会主义思想，实现了党的指导思想又一次与时俱进。习近平新时代中国特色社会主义思想从理论和实践的结合上深刻回答了新时代坚持和发展什么样的中国特色社会主义、怎样坚持和发展中国特色社会主义这个重大时代课题。它是马克思主义中国化时代化的最新理论成果，是凝聚人民群众力量进行具有许多新的历史特点的伟大斗争的思想武器，是带领我们实现"两个一百年"奋斗目标的基本遵循。党的二十大报告强调："继续推进实践基础上的理论创新，首先要把握好新时代中国特色社会主义思想的世界观和方法论，坚持好、运用好贯穿其中的立场观点方法。"④当前，深入推进马克思主义大众化，就是要深入学习和贯彻习近平总书记系列重要讲话精神，继续弘扬理论联系实际的作风，密切联系人民群众的实际情况，有效引导人民群众领会和认同这一思想的精髓要义，并用它指导本职工作，不断取得实效。而且，"新时代新征程，面对错综复杂的国际国内形势、艰巨繁重的改革发展稳定任务、各种不确定难预料的风

①习近平.习近平谈治国理政 [M].北京：外文出版社，2014：9.

②习近平.在哲学社会科学工作座谈会上的讲话 [N].人民日报，2016-05-19.

③中共中央宣传部.习近平总书记系列重要讲话读本 [M].北京：学习出版社，人民出版社，2016：1.

④习近平.高举中国特色社会主义伟大旗帜 为全面建设社会主义现代化国家而团结奋斗：在中国共产党第二十次全国代表大会上的报告 [M].北京：人民出版社，2022：18.

险挑战，要实现党的二十大确定的战略目标，迫切需要广大党员、干部特别是各级领导干部进一步深入学习贯彻新时代中国特色社会主义思想"①，尤其是要把这一思想的世界观、方法论和贯穿其中的立场观点方法转化为改造主观世界和客观世界的思想武器，具体做到：一是善于运用这一思想观察时代、把握时代、引领时代，善于从两个大局的高度看问题；二是善于运用这一思想推进中国式现代化取得新进展、新突破；三是善于运用这一思想解决经济社会发展中的各种矛盾和问题；四是善于运用这一思想防范化解重大风险，增强忧患意识，时刻保持箭在弦上的备战姿态；五是善于运用这一思想深入推进全面从严治党，时刻保持解决大党独有难题的清醒和坚定。②与此同时，我们还要认真总结人民群众在中国特色社会主义实践过程中所产生的新的实践经验，紧密结合群众需求新变化、新时代发展的需要，不断将马克思主义中国化时代化的理论成果推向新的时代境界。

## （二）坚持为民担当是推进马克思主义大众化的基础

人民性是马克思主义最鲜明的品格。马克思主义大众化的内在价值实际上是人民主体性，人民群众推动着马克思主义的发展。新时代推进马克思主义大众化，必须以坚持为民担当为基础。2014 年，习近平接受俄罗斯媒体专访时指出："中国共产党坚持执政为民，人民对美好生活的向往就是我们的奋斗目标。我的执政理念，概括起来说就是：为人民服务，担当起该担当的责任。"③这两句简洁明了的话，充分表明了习近平对人民群众的深厚情感和为人民担当的强烈的责任感，这也是习近平为广大人民群众所爱戴和拥护的重要原因。马克思主义大众化就是要使其主要原理以及根本观点通俗化、生活化与具体化，把马克思主义转化为人民群众所熟知的生活语言和承载形式，以更好地被人民

①习近平在中共中央政治局第四次集体学习时强调　把学习贯彻新时代中国特色社会主义思想不断引向深入 [N]. 人民日报，2023-04-01.

②习近平在中共中央政治局第四次集体学习时强调　把学习贯彻新时代中国特色社会主义思想不断引向深入 [N]. 人民日报，2023-04-01.

③习近平接受俄罗斯电视台专访 [N]. 人民日报，2014-02-09.

群众掌握和应用。只有拥有为人民担当的情怀和责任感，才能为新时代马克思主义大众化奠定坚实的群众基础。

### 1. 培养对人民群众的深厚情感

毛泽东在《在延安文艺座谈会上的讲话》中指出，实现文艺作品大众化，首先要做到与工农兵大众的思想情感打成一片。只有"把自己的思想感情来一个变化，来一番改造"①，才能使自己的作品受群众欢迎，否则，与人民群众格格不入的东西是很难普及和推广的。同样地，要有效推进马克思主义大众化，首先要培养对人民群众的深厚情感，学会深入广大人民群众的内心情感与日常生活中。在这方面，习近平为广大马克思主义大众化工作者树立了可贵的榜样。习近平曾回顾说："脚踏在大地上，置身于人民群众中，会使人感到非常踏实，很有力量；基层的艰苦生活，能够磨炼一个人的意志。"②正是早年上山下乡的经历，使习近平不断增进对基层群众的感情，而这又在一定程度上使他养成脚踏实地、自强不息的品格。在担任浙江省委书记期间，习近平指出，"语言的背后是感情、是思想、是知识、是素质"③，一些党员干部不善于同群众说话，或是在群众面前失语，反映了他们对群众的严重疏离，以及对群众缺乏感情。进而，他还从两方面阐述了怎样培养对人民群众的深厚情感。一方面，要学习我国古代清官以关心百姓疾苦为己任的高尚情怀，时刻关心老百姓的琐碎小事、急事难事，把老百姓的安危冷暖挂在心上，通过解决他们的一桩桩"小事"赢得万人心。其中，习近平列举了"先天下之忧而忧，后天下之乐而乐"的范仲淹，"些小吾曹州县吏，一枝一叶总关情"的郑板桥，"安得广厦千万间，大庇天下寒士俱欢颜"的杜甫，以及"但愿苍生俱饱暖，不辞辛苦出山林"的于谦，勉励党员干部时刻铭记"心无百姓莫为'官'"这个深刻道理。另一方面，习近平要求党员干部学习党的先进人物事迹，通过树立五种崇高情感，不断培养对人民群众的深厚情感，真正做到情为民所系。这五种

---

① 毛泽东. 毛泽东选集：第 3 卷 [M]. 北京：人民出版社，1991：851.

② 熊玠. 从摸着石头过河到顶层设计：《习近平时代》：绪论三 [N]. 学习时报，2016-04-04.

③ 习近平. 之江新语 [M]. 杭州：浙江人民出版社，2007：146.

崇高情感包括：邓小平同志热爱祖国和人民的情怀感，雷锋同志以为人民服务为最大幸福的幸福感，孔繁森以爱人民为最高境界的境界感，郑培民"做官先做人，万事民为先"的责任感，以及钱学森把群众口碑当作无上光荣的光荣感。①只有树立好这五种崇高情感，才能为人民群众掌好权、用好权，也才能真正融入人民群众的情感世界，使他们从内心认同和接受马克思主义。

党的十八大以来，习近平一如既往坚持全心全意为人民服务的根本宗旨，关心群众安危冷暖，把人民群众的口碑作为衡量工作得失的根本标准。他在俄罗斯接受采访时说："作为国家领导人，人民把我放在这样的工作岗位上，我就要始终把人民放在心中最高的位置，牢记责任重于泰山，时刻把人民群众的安危冷暖放在心上，兢兢业业，夙夜在公，始终与人民心心相印、与人民同甘共苦、与人民团结奋斗。"②在2014年的文艺工作座谈会上，习近平勉励广大文艺工作者："对人民，要爱得真挚、爱得彻底、爱得持久，就要深深懂得人民是历史创造者的道理，深入群众、深入生活，诚心诚意做人民的小学生。"③他还强调，在深入人民群众生活的过程中，不能走马观花、蜻蜓点水，而是要拆除"心"的围墙，对人民群众动真情，真正融入他们的内心情感世界中。2015年，习近平在减贫与发展高层论坛上提及，他一直对中国的减贫经历有着深切体会，早在上山下乡的时候，他就对农村的贫困状况刻骨铭心，而在从政的历程中，他投入精力最多的工作就是扶贫工作。他说："这两年，我又去了十几个贫困地区，到乡亲们家中，同他们聊天。他们的生活存在困难，我感到揪心。他们生活每好一点，我都感到高兴。"④

习近平总书记在中华人民共和国第十四届全国人民代表大会第一次会议上的讲话中强调："这是我第三次担任国家主席这一崇高职务。人民的信任，是我前进的最大动力，也是我肩上沉甸甸的责任。我将忠实履行宪法赋予的职责，以国家需要为使命，以人民利益为准绳，恪尽职守，竭诚奉献，绝不辜负

①习近平. 之江新语 [M]. 杭州：浙江人民出版社，2007：7.

②习近平接受俄罗斯电视台专访 [N]. 人民日报，2014-02-09.

③习近平. 在文艺工作座谈会上的讲话 [N]. 人民日报，2015-10-15.

④习近平. 携手消除贫困　促进共同发展：在2015减贫与发展高层论坛的主旨演讲 [N]. 人民日报，2015-10-17.

各位代表和全国各族人民的重托！"①只有坚持一切为了人民的原则，不断培养和增强对人民群众的深厚情感，才能充分发挥他们学习和运用马克思主义的积极性、主动性，从而不断带领人民群众创造幸福生活。

## 2. 勇于担当为人民服务的责任

具有担当精神的人，往往具有顽强的毅力。习近平正是这样一个极具担当精神和顽强毅力的国家领导人。新加坡前总理李光耀（Lee Kuan Yew）曾说："我会把习近平归类于纳尔逊·曼德拉这一级的人物，他们有强大的情感自制力，不会让个人的不幸和苦难影响其判断。"②他还赞扬习近平钢铁般的意志给人留下深刻印象。美国前国务卿基辛格（Kissinger）则认为，以习近平同志为核心的新一届领导班子具有远见和勇气，他们开展了可与邓小平的改革相媲美的规模浩大的改革运动。"许多既定的机构和做法，从国有企业到地方官员称霸一方，再到贪腐蔓延，都是改革的对象。"③而在1990年离开福建省宁德市到福州市任职之际，在给宁德地直机关领导干部的临别赠言中，习近平曾发自内心地感慨："我觉得越是艰苦的地方、困难的时刻，越能磨炼人的意志、锻炼人的能力，选拔干部就要在面对困难、克服困难上见高低。"④由上可见，习近平之所以具有顽强的毅力，在很大程度上是因为他从年轻时候起就经历并克服了许多困难，然而，习近平并非为了自身仕途积极担当，而是为了使广大人民群众过上幸福生活敢于担当。正如他所言："天下为公、担当道义，是广大知识分子应有的情怀。"⑤他还极为推崇传统儒家"修身齐家治国平天下"的家国情怀，北宋大儒张载"为天地立心、为生民立命、为往圣继绝学、为万世开太平"的强烈的社会责任感，以及范仲淹"先天下之忧而忧，后

①习近平.在第十四届全国人民代表大会第一次会议上的讲话[N].人民日报,2023-03-14.

②艾利森,等.李光耀论中国与世界[M].蒋宗强,译.北京:中信出版社,2013:20.

③基辛格.世界秩序[M].胡利平等,译.北京:中信出版社,2015:295-296.

④习近平.摆脱贫困[M].福州:福建人民出版社,1992:203.

⑤习近平.在知识分子、劳动模范、青年代表座谈会上的讲话[N].人民日报,2016-04-30.

天下之乐而乐"的为民情怀，并勉励广大知识分子"坚持国家至上、民族至上、人民至上，始终胸怀大局、心有大我"①。

党的十八大以来，习近平坚持全心全意为人民服务的宗旨，将中国特色社会主义事业继续向前推进。他指出，全面深化改革之所以要以增进人民福祉为出发点和落脚点，因为这是全心全意为人民服务宗旨的必然要求。"检验我们一切工作的成效，最终都要看人民是否真正得到了实惠，人民生活是否真正得到了改善，人民权益是否得到了保障。"②反之，"如果不能给老百姓带来实实在在的利益，如果不能创造更加公平的社会环境，甚至导致更多不公平，改革就失去意义，也不可能持续"③。而且，他在2016年的七一讲话中强调："我们要以勇于自我革命的气魄、坚韧不拔的毅力推进改革，敢于向积存多年的顽瘴痼疾开刀，敢于触及深层次利益关系和矛盾，坚决冲破思想观念束缚，坚决破除利益固化藩篱，坚决清除妨碍社会生产力发展的体制机制障碍。"④当前，为人民担当，主要体现为全面建设社会主义现代化国家、全面推进中华民族伟大复兴这一目标。然而，"我国十四亿多人口整体迈进现代化社会，规模超过现有发达国家人口的总和，艰巨性和复杂性前所未有"⑤，担当起为人民服务的责任并非易事。这是因为："我国改革发展稳定面临不少深层次矛盾躲不开、绕不开，党的建设特别是党风廉政建设和反腐败斗争面临不少顽固性、多发性问题，来自外部的打压遏制随时可能升级。我国发展进入战略机遇和风险挑战并存、不确定难预料因素增多的时期。"⑥即便如此，习近平仍然

---

① 习近平.在知识分子、劳动模范、青年代表座谈会上的讲话 [N].人民日报，2016-04-30.

② 习近平.习近平谈治国理政 [M].北京：外文出版社，2014：28.

③ 习近平.切实把思想统一到党的十八届三中全会精神上来 [N].人民日报，2014-01-01.

④ 习近平.在庆祝中国共产党成立95周年大会上的讲话 [N].人民日报，2016-07-02.

⑤ 习近平.高举中国特色社会主义伟大旗帜　为全面建设社会主义现代化国家而团结奋斗：在中国共产党第二十次全国代表大会上的报告 [M].北京：人民出版社，2022：22.

⑥ 习近平.高举中国特色社会主义伟大旗帜　为全面建设社会主义现代化国家而团结奋斗：在中国共产党第二十次全国代表大会上的报告 [M].北京：人民出版社，2022：26.

向人民群众承诺，要坚持不忘初心，继续前进，敢于担当。党的二十大报告再次要求党员："锲而不舍落实中央八项规定精神，抓住'关键少数'以上率下，持续深化纠治'四风'，重点纠治形式主义、官僚主义，坚决破除特权思想和特权行为。"①只有勇于担当为人民服务的责任，才能赢得民心，从而凝聚起全面建设社会主义现代化国家的强大力量。

### （三）遵循传播规律是推进马克思主义大众化的关键

党的十八大指出，要构建和发展现代传播体系，提高传播能力，不断提升我国的文化软实力。在 2016 年党的新闻舆论工作座谈会上，习近平强调，要"尊重新闻传播规律，创新方法手段，切实提高党的新闻舆论传播力、引导力、影响力、公信力"②。在某种程度上，马克思主义大众化也是一个思想理论传播的过程，所以，科学借鉴传播学相关理论，探索多样化的传播途径，是推进马克思主义大众化的关键所在。

1. 马克思主义大众化要科学借鉴传播学理论

党的十九大报告指出："坚持正确舆论导向，高度重视传播手段建设和创新，提高新闻舆论传播力、引导力、影响力、公信力。"③党的二十大报告进一步强调："加强全媒体传播体系建设，塑造主流舆论新格局。"④简单地说，传播就是各种信息的交流和分享过程，而传播学就是研究人类如何运用符号进行社会信息交流的学科。传播学发轫于 20 世纪初期的美国，在传播学发

①习近平.高举中国特色社会主义伟大旗帜　为全面建设社会主义现代化国家而团结奋斗：在中国共产党第二十次全国代表大会上的报告 [M]. 北京：人民出版社，2022：68.

②习近平在党的新闻舆论工作座谈会上强调　坚持正确方向创新方法手段　提高新闻舆论传播力引导力 [N]. 人民日报，2016-02-20.

③习近平.决胜全面建成小康社会　夺取新时代中国特色社会主义伟大胜利：在中国共产党第十九次全国代表大会上的报告 [M]. 北京：人民出版社，2017：42.

④习近平.高举中国特色社会主义伟大旗帜　为全面建设社会主义现代化国家而团结奋斗：在中国共产党第二十次全国代表大会上的报告 [M]. 北京：人民出版社，2022：44.

展过程中，诸多美国传播学家运用不同的模式来解释信息传播的机制、传播的本质，揭示传播过程与传播效果，并预测未来传播的形势和结构等。虽然传播学进入我国已有多年的历史，但是从 20 世纪 80 年代开始，我国学者才大量关注和研究传播学，并逐渐在推动传播学本土化上取得了不少进展。对待西方传播学理论的正确做法是：一方面，有选择地吸收其理论精华，包括其传播理念上的"受众为本"，以及传播方法上的"有限效果论"，"两级传播"理论和"舆论领袖"概念，"守门人"理论，双向传播模式，等等；另一方面，对于西方传播学存在的意识形态的偏见和机械性的方式方法等缺陷，则应当极力避免。尤为重要的是，应当致力于推进传播学在我国的本土化，"对国外的理论、概念、话语、方法，要有分析、有鉴别，适用的就拿来用，不适用的就不要生搬硬套"①。切忌"每言及西方总是口若悬河、滔滔不绝，而一言及本土则顿时张口结舌、语无伦次"②。这是因为，每个国家的历史传统、基本国情和发展道路都各不相同，"解决中国的问题只能在中国大地上探寻适合自己的道路和办法"③。同样，以传播学视角研究我国马克思主义大众化问题，也应当立足于我国的经济发展、社会心理和文化传统等历史和现实状况，不断总结符合我国社会特征的理论传播规律和传播原则，为推动马克思主义大众化科学化提供重要遵循。

具体而言，我们可以科学借鉴传播学"受众为本"的基本理念、"守门人"理论、"舆论领袖"概念、"双向传播模式"等，不断提升马克思主义大众化的有效性。其一，借鉴"受众为本"理念。习近平强调，宣传思想工作"要树立以人民为中心的工作导向，把服务群众同教育引导群众结合起来，把满足需求同提高素养结合起来"④。所以，在宣传和普及马克思主义过程中，我们应当充分考虑不同层次人民大众的基本特征，做到"受众为本"。也就是说，马克思主义大众化要讲究传播艺术，"重视受众对思想理论的心理接受

---

①习近平. 在哲学社会科学工作座谈会上的讲话 [N]. 人民日报，2016-05-19.

②郭庆光. 传播学教程 [M]. 北京：中国人民大学出版社，2011：16.

③习近平在中共中央政治局第十八次集体学习时强调 牢记历史经验历史教训历史警示 为国家治理能力现代化提供有益借鉴 [N]. 人民日报，2014-10-14.

④习近平. 习近平谈治国理政 [M]. 北京：外文出版社，2014：154.

规律，并随时关注所传播的马克思主义对受众的思想、态度和行为产生的影响"①，以此达到马克思主义宣传教育的目的。其二，借鉴"守门人"理论。在传播学中，各种媒体的编辑人员被视为筛选、过滤新闻信息的"守门人"，"守门人"的地位相当重要，因为他们在一定程度上决定了读者所能接触到的信息内容。这启发我们，宣传和普及马克思主义，关键在于培养宣传思想工作人才，"造就一支政治坚定、业务精湛、作风优良、党和人民放心的新闻舆论工作队伍"②。只有这样，才能为马克思主义大众化"守好门"，使党的新闻舆论工作始终做到围绕中心、服务大局。其三，借鉴"舆论领袖"概念。在大众传播过程中，舆论领袖是受众中的一部分，不过，舆论领袖却可以凭借自身的专长和对问题的深刻见解，通过人际关系向另一部分受众提供建议和解释，对他们的态度和行为产生重要影响。可见，在马克思主义大众化过程中，不仅要重视主流媒体的大众传播作用，而且要充分发挥领导干部、公众人物、先进模范等的重要作用，通过他们对特定人群产生更为直接的人际关系影响。其四，借鉴"双向传播模式"。"双向传播模式"给我们的启示在于，马克思主义大众化并不是一个单向灌输的过程，除了正面宣传环节之外，还应当重视整个理论传播过程中的反馈和互动环节，通过深入与群众交流沟通，不断提高宣传思想工作的有效性。

### 2. 掌握多样化的马克思主义大众化传播方式

习近平指出，提高国家文化软实力，要拓展传播平台和载体，"综合运用大众传播、群体传播、人际传播等多种方式展示中华文化魅力"③，努力传播当代中国价值观念。相应地，马克思主义大众化传播，也应当着力探索大众传播、群体传播、人际传播等途径，以此将马克思主义宣传工作落细、落小、落实。

---

①首席专家崔耀中，"中国马克思主义大众化研究：历史进程和基本经验"课题组. 中国马克思主义大众化研究：历史进程和基本经验 [M]. 北京：中国人民大学出版社，2013：402.

②习近平在党的新闻舆论工作座谈会上强调 坚持正确方向创新方法手段 提高新闻舆论传播力引导力 [N]. 人民日报，2016-02-20.

③习近平. 习近平谈治国理政 [M]. 北京：外文出版社，2014：161-162.

第一，马克思主义大众化的大众传播。大众传播是"专业化的媒介组织运用先进的传播技术和产业化手段，以社会上一般大众为对象而进行的大规模的信息生产和传播活动"①。党的新闻舆论媒体和社会其他媒介组织，都是大众传播的主体，他们面向广大人民群众传播各种社会信息，在很大程度上影响社会舆论走向，因而他们在马克思主义大众化传播过程中发挥着重要作用。各类新闻媒体应当利用丰富多样的形式，通过持续不断的宣传解读以及潜移默化的熏陶感化，使广大人民群众了解和认同马克思主义的立场观点方法、党的路线方针政策。当前，随着社会信息化持续推进，网上舆论工作越来越重要，因而要不断创新网上宣传，探索网络传播规律，通过把握好舆论引导的时、度、效，更好地弘扬主旋律，激发正能量。除了各类媒体的直接传播外，精神文化产品也在一定程度上发挥大众传播的作用，所以，应当通过各类文艺形式，"形象地告诉人们什么是真善美，什么是假恶丑，什么是值得肯定和赞扬的，什么是必须反对和否定的"②，从而达到润物细无声的良好传播效果。

第二，马克思主义大众化的群体传播。在传播学中，群体指的是由具有大致相同的利益、观念、目标等因素的个人相互影响、相互作用而形成的社会集合体。群体传播就是在上述群体内部或外部的信息传播活动。在我国，工会、共青团、妇联等群团组织，一直是党和政府联系人民大众的桥梁和纽带，它们积极组织动员人民大众团结在党的周围，凝聚起人民大众投身革命、建设和改革的强大力量，为我国社会主义事业发展做出了重大贡献。当前，我们应当根据形势发展需要，进一步发挥党的群团组织传播和普及马克思主义、帮助人民大众提高思想觉悟和道德水平、引导人民大众坚定走中国特色社会主义的重要作用。具体而言，群团组织要充分利用自身贴近群众的优势，"把思想政治工作贯穿所开展的各种活动，多做组织群众、宣传群众、教育群众、引导群众的工作，多做统一思想、凝聚人心、化解矛盾、增进感情、激发动力的工作"③。与此同时，要根据社会发展实际，积极扩大群体组织的覆盖面，"重点向非公

①郭庆光．传播学教程 [M]．北京：中国人民大学出版社，2011：99.

②习近平．习近平谈治国理政 [M]．北京：外文出版社，2014：165.

③习近平在中央党的群团工作会议上强调　切实保持和增强政治性先进性群众性　开创新形势下党的群团工作新局面 [N]．人民日报，2015-07-08.

有制经济组织、社会组织、城乡社区等领域和农民工、自由职业者等群体延伸组织体系"①。并加强网上宣传队伍建设，综合运用微博、微信等新兴媒体平台，"站在网上舆论斗争最前沿，主动发声、及时发声，弘扬网上主旋律"②。

第三，马克思主义大众化的人际传播。与大众传播和群体传播相比，人际传播指的是个人与个人之间直接或间接的信息传播活动，其中，直接传播是两个人面对面的信息交流过程，而间接传播则是以各种媒介为中介的信息交流过程。在马克思主义大众化过程中，党员干部是人际传播的主要主体，为提高传播的有效性，在人际传播中应当做好两方面工作。一方面，应当想方设法深入了解人民群众的基本需求和接受特征，为马克思主义人际传播奠定基础。习近平指出，焦裕禄是广大县委书记的榜样，他勉励广大县委书记做焦裕禄式的县委书记。而以焦裕禄为榜样，就要注重调研研究，通过跑遍所有的村摸清群众的基本情况。习近平在河北正定县担任县委领导的时候，就经常骑自行车下乡了解老百姓实际，在一些难以骑行的路段就扛着自行车走，虽然这样做比较辛苦，"但确实摸清了情况，同基层干部和老百姓拉近了距离、增进了感情"③。只有这样，才能在与老百姓面对面的交流中赢得他们的信任和支持，从而顺利地推行党的各项路线方针政策。另一方面，在与老百姓的交流过程中，党员干部应当始终保持良好的形象，不能成为老百姓所反感和抵触的"两面人"。习近平曾把"两面人"概括为：表里不一、欺上瞒下、善于伪装和表演作秀；公开场合要求坚定理想信念，但私底下却不敬苍生敬鬼神，迷信风水和"大师"；口头上反腐，背地里却疯狂敛财。毋庸置疑，这些"双面人"现象只会给马克思主义传播和普及工作带来较大的负面效应，对此我们要时刻警惕、坚决杜绝。

①中共中央关于加强和改进党的群团工作的意见 [N]. 人民日报，2015-07-10.

②中共中央关于加强和改进党的群团工作的意见 [N]. 人民日报，2015-07-10.

③习近平. 做焦裕禄式的县委书记 [N]. 学习时报，2015-09-07.

# 结　语

　　2022 年 10 月 25 日，习近平总书记在二十届中央政治局第一次集体学习时的讲话中指出，每当党中央做出重大决策部署，我们就号召全党同志加强学习，以统一全党思想和行动，汇聚起攻坚克难、团结奋进的强大力量。因而，习近平总书记强调，学习宣传贯彻党的二十大精神是当前和今后一个时期全党全国的首要政治任务。基于此，本书着眼于如何更好地推进习近平新时代中国特色社会主义思想大众化，更切实际宣传贯彻党的二十大精神，从理论渊源、现实境遇、目标任务、重要遵循、方式方法、主要抓手、推进策略等方面阐释马克思主义大众化的基本问题，旨在为党的理论工作者和宣传工作者提供一些理论和实践借鉴。笔者通过研究深刻体会到，习近平总书记关于舆论宣传工作和理论教育工作的重要论述高屋建瓴、思想深邃，为新时代马克思主义大众化研究提供了重要思想基础。与此同时，随着研究的深入推进，笔者更深切体会到研究的不足，而这也是笔者遇到的难点和将来需要进一步突破的重点。

　　第一个难点是，中国化时代化的马克思主义要为广大人民群众所真正理解和内心认同，受到复杂而多样的主观、客观因素的交互影响，因而，研究新时代马克思主义大众化基本问题，也不能只局限于特定的领域和因素，而必须着眼于全局，着力推动形成全社会的共同合力。国务院于 2021 年印发的《关于新时代加强和改进思想政治工作的意见》指出："坚持服务党和国家工作大局，全面贯彻党的基本理论、基本路线、基本方略，坚持系统观念，把思想政治工作与经济建设和其他各项工作结合起来，为党和国家中心工作提供有力政治和思想保障。"并强调要完善领导体制和工作机制,完善党委统一领导、党政齐抓共管、宣传部门组织协调、有关部门和人民团体分工负责、全党全社会共同参与的思想政治工作大格局。也就是说,新时代推进马克思主义大众化,应当具有系统思维和把控全局的能力,着力统筹推进企业、农村、机关、学校、社区、网络等理论和宣传工作,发挥社会各种力量的协同作用。

第二个难点在于,如何进一步建立健全新时代马克思主义大众化的相关机制,为推动马克思主义常态化提供制度保障。党的二十大报告强调:"健全用党的创新理论武装全党、教育人民、指导实践工作体系。""加强全媒体传播体系建设,塑造主流舆论新格局。"这就要求广大宣传工作者和理论工作者要着眼于体系建设,构建理论宣传和思想教育的社会大网络,并充分发挥全媒体的正向作用,营造马克思主义大众化的良好思想舆论环境。这给我们提出了新的要求,一方面要站稳人民立场,坚持人民主体地位,充分体现人民意志,形成为人民所喜爱、所认同、所拥有的理论,巩固全党全国各族人民的共同思想基础;另一方面则要坚持与时俱进,守正创新,适应时代发展要求和广大人民群众的需要,学会运用手机媒体、微博客等载体进行政治引导,推动形成良好网络生态,不断提升新时代马克思主义大众化的有效性。

党的二十大报告强调,实践没有止境,理论创新也没有止境。而党的理论创新每前进一步,理论武装就要跟进一步。"必须坚持人民至上、必须坚持自信自立、必须坚持守正创新、必须坚持问题导向、必须坚持系统观念、必须坚持胸怀天下",这"六个必须坚持"是我们党继续推进理论创新的科学方法。新时代新征程,只有准确把握包括"六个必须坚持"在内的新时代中国特色社会主义思想的立场观点方法,才能更好推进马克思主义及其最新理论成果大众化,使之真正成为指导人民认识和改造世界的强大思想武器。

# 参考文献

## 一、经典著作与重要文献

### （一）经典著作

[1] 中共中央马克思恩格斯列宁斯大林著作编译局编译 . 马克思恩格斯文集：1—10 卷 [M]. 北京：人民出版社，2009.

[2] 中共中央马克思恩格斯列宁斯大林著作编译局编译 . 列宁专题文集：论无产阶级政党 [M]. 北京：人民出版社，2009.

[3] 中共中央马克思恩格斯列宁斯大林著作编译局编 . 列宁专题文集：论马克思主义 [M]. 北京：人民出版社，2009.

[4] 中共中央马克思恩格斯列宁斯大林著作编译局编 . 列宁专题文集：论社会主义 [M]. 北京：人民出版社，2009.

[5] 中共中央马克思恩格斯列宁斯大林著作编译局编 . 列宁专题文集：论辩证唯物主义和历史唯物主义 [M]. 北京：人民出版社，2009.

[6] 毛泽东 . 毛泽东选集：1、2、3、4 卷 [M]. 北京：人民出版社，1991.

[7] 中共中央文献研究室编 . 毛泽东文集：6、7 卷 [M]. 北京：人民出版社，1999.

[8] 刘少奇 . 刘少奇选集：上卷 [M]. 北京：人民出版社，1981.

[9] 邓小平 . 邓小平文选：3 卷 [M]. 北京：人民出版社，1993.

[10] 邓小平 . 邓小平文选：1、2 卷 [M]. 北京：人民出版社，1994.

[11]江泽民.江泽民文选：1、2、3卷[M].北京：人民出版社，2006.

[12]胡锦涛.胡锦涛文选：1、2、3卷[M].北京：人民出版社，2016.

[13]习近平.习近平谈治国理政[M].北京：外文出版社，2014.

[14]习近平.习近平谈治国理政：第二卷[M].北京：外文出版社，2017.

[15]习近平.习近平谈治国理政：第三卷[M].北京：外文出版社，2020.

[16]习近平.习近平谈治国理政：第四卷[M].北京：外文出版社，2022.

[17]习近平.习近平著作选读：第一卷、第二卷[M].北京：人民出版社，2023.

## （二）重要文献

[1]习近平.决胜全面建成小康社会　夺取新时代中国特色社会主义伟大胜利：在中国共产党第十九次全国代表大会上的报告[M].北京：人民出版社，2017.

[2]习近平.高举中国特色社会主义伟大旗帜　为全面建设社会主义现代化国家而团结奋斗：在中国共产党第二十次全国代表大会上的报告[M].北京：人民出版社，2022.

[3]习近平.习近平重要讲话单行本[M].2020年合订本.北京：人民出版社，2021.

[4]习近平.习近平重要讲话单行本[M].2021年合订本.北京：人民出版社，2022.

[5]习近平.习近平重要讲话单行本[M].2022年合订本.北京：人民出版社，2023.

[6]中共中央关于党的百年奋斗重大成就和历史经验的决议[M].北京：人民出版社，2021.

[7]中共中央文献研究室.十八大以来重要文献选编：上[M].北京：中央文献出版社，2014.

[8]中共中央文献研究室.十八大以来重要文献选编：中[M].北京：中央文献出版社，2016.

[9]中共中央文献研究室.十八大以来重要文献选编：下[M].北京：中央文献出版社，2018.

[10] 中共中央文献研究室. 十九大以来重要文献选编：上 [M]. 北京：中央文献出版社，2019.

[11] 中共中央文献研究室. 十九大以来重要文献选编：中 [M]. 北京：中央文献出版社，2021.

[12] 中共中央文献研究室. 十九大以来重要文献选编：下 [M]. 北京：中央文献出版社，2023.

[13] 中华人民共和国国民经济和社会发展第十三个五年规划纲要 [N]. 人民日报，2016-03-18.

[14] 习近平. 知之深　爱之切 [M]. 石家庄：河北人民出版社，2015.

[15] 习近平. 之江新语 [M]. 杭州：浙江人民出版社，2007.

[16] 习近平. 摆脱贫困 [M]. 福州：福建人民出版社，1992.

[17] 习近平. 干在实处走在前列——推进浙江新发展的思考与实践 [M]. 北京：中共中央党校出版社，2006.

[18] 习近平. 做焦裕禄式的县委书记 [M]. 北京：中央文献出版社，2015.

[19] 中共中央宣传部. 习近平总书记系列重要讲话读本 [M]. 北京：学习出版社，人民出版社，2016.

[20] 中共中央宣传部理论局. 指导新时期宣传思想文化工作的纲领性文献：学习习近平总书记在全国宣传思想工作会议上的重要讲话文章选 [M]. 北京：学习出版社，2013.

[21] 中共中央文献研究室. 习近平关于实现中华民族伟大复兴的中国梦论述摘编 [M]. 北京：中央文献出版社，2013.

[22] 中共中央文献研究室. 习近平关于全面建成小康社会论述摘编 [M]. 北京：中央文献出版社，2016.

[23] 中共中央文献研究室. 习近平关于全面深化改革论述摘编 [M]. 北京：中央文献出版社，2014.

[24] 中共中央文献研究室. 习近平关于全面依法治国论述摘编 [M]. 北京：中央文献出版社，2015.

[25] 中共中央纪律检查委员会，中共中央文献研究室. 习近平关于党风廉政建设和反腐败斗争论述摘编 [M]. 北京：中央文献出版社，中国方正出版社，2015.

[26] 中共中央党史研究室.历史是最好的教科书：学习习近平同志关于党的历史的重要论述[M].北京：中共党史出版社，2014.

[27] 中共中央宣传部.习近平总书记在文艺工作座谈会上的重要讲话学习读本[M].北京：学习出版社，2015.

[28] 习近平.关于建设马克思主义学习型政党的几点学习体会和认识：在中央党校2009年秋季学期第二批进修班开学典礼上的讲话[N].学习时报，2009-11-16.

[29] 习近平.在哲学社会科学工作座谈会上的讲话[N].人民日报，2016-05-19.

[30] 习近平.在庆祝中国共产党成立95周年大会上的讲话[N].人民日报，2016-07-02.

[31] 习近平.在第十八届中央纪律检查委员会第六次全体会议上的讲话[N].人民日报，2016-05-03.

[32] 习近平.在网络安全和信息化工作座谈会上的讲话[N].人民日报，2016-04-26.

[33] 习近平.在文艺工作座谈会上的讲话[N].人民日报，2015-10-15.

[34] 习近平.在知识分子、劳动模范、青年代表座谈会上的讲话[N].人民日报，2016-04-30.

[35] 习近平.在第二届世界互联网大会开幕式上的讲话[N].人民日报，2015-12-17.

[36] 习近平.在华盛顿州当地政府和美国友好团体联合欢迎宴会上的演讲[N].人民日报，2015-09-24.

[37] 习近平.携手消除贫困　促进共同发展：在2015减贫与发展高层论坛的主旨演讲[N].人民日报，2015-10-17.

[38] 习近平.在颁发"中国人民抗日战争胜利70周年"纪念章仪式上的讲话[N].人民日报，2015-09-03.

[39] 习近平.在省部级主要领导干部学习贯彻党的十八届五中全会精神专题研讨班上的讲话[N].人民日报，2016-05-10.

[40] 习近平.青年要自觉践行社会主义核心价值观：在北京大学师生座谈会上的讲话[N].人民日报，2014-05-05.

[41]习近平.在联合国教科文组织总部的演讲[N].人民日报,2014-03-28.

[42]习近平.切实把思想统一到党的十八届三中全会精神上来[N].人民日报,2014-01-01.

[43]习近平.关于《中共中央关于全面深化改革若干重大问题的决定》的说明[N].人民日报,2013-11-16.

[44]习近平.在首都各界纪念现行宪法公布施行30周年大会上的讲话[N].光明日报,2012-12-05.

[45]习近平.在同各界优秀青年代表座谈时的讲话[N].人民日报,2013-05-05.

[46]习近平.顺应时代前进潮流促进世界和平发展:在莫斯科国际关系学院的演讲[N].人民日报,2013-03-24.

[47]习近平.在同全国劳动模范代表座谈时的讲话[N].人民日报,2013-04-29.

[48]习近平在党的新闻舆论工作座谈会上强调 坚持正确方向创新方法手段 提高新闻舆论传播力引导力[N].人民日报,2016-02-20.

[49]习近平春节前夕赴江西看望慰问广大干部群众 祝全国各族人民健康快乐吉祥 祝改革发展人民生活蒸蒸日上[N].人民日报,2016-02-04.

[50]习近平在中共中央政治局第二十四次集体学习时强调 加强反腐倡廉法规制度建设 让法规制度的力量充分释放[N].人民日报,2015-06-28.

[51]习近平在中共中央政治局第二十六次集体学习时强调 时时铭记事事坚持处处上心 以严和实的精神做好各项工作[N].人民日报,2015-09-13.

[52]习近平在中共中央政治局第二十八次集体学习时强调 立足我国国情和我国发展实践 发展当代中国马克思主义政治经济学[N].人民日报,2015-11-25.

[53]习近平在中共中央政治局第二十九次集体学习时强调 大力弘扬伟大爱国主义精神 为实现中国梦提供精神支柱[N].人民日报,2015-12-31.

[54]习近平在中共中央政治局第三十次集体学习时强调准确把握和抓好我国发展战略重点扎实把"十三五"发展蓝图变为现实[N].人民日报,2016-01-31.

[55]习近平对开展"两学一做"学习教育作出重要指示强调突出问题导

向确保取得实际成效把全面从严治党落实到每一个支部 [N]. 人民日报，2016-04-07.

[56] 习近平主持召开中央全面深化改革领导小组第十次会议强调科学统筹突出重点对准焦距让人民对改革有更多获得感 [N]. 人民日报，2015-02-28.

[57] 习近平在会见第四届全国文明城市、文明村镇、文明单位和未成年人思想道德建设工作先进代表时强调　人民有信仰民族有希望国家有力量　锲而不舍抓好社会主义精神文明建设 [N]. 人民日报，2015-03-01.

[58] 习近平李克强张德江刘云山王岐山张高丽分别参加全国人大会议一些代表团审议 [N]. 人民日报，2014-03-10.

[59] 习近平在安徽调研时强调全面落实"十三五"规划纲要加强改革创新开创发展新局面 [N]. 人民日报，2016-04-28.

[60] 习近平在中央扶贫开发工作会议上强调　脱贫攻坚战冲锋号已经吹响　全党全国咬定目标苦干实干 [N]. 人民日报，2015-11-29.

[61] 习近平在重庆调研时强调　落实创新协调绿色开放共享发展理念　确保如期实现全面建成小康社会目标 [N]. 人民日报，2016-01-07.

[62] 习近平在中共中央政治局第十二次集体学习时强调建设社会主义文化强国着力提高国家文化软实力 [N]. 人民日报，2014-01-01.

[63] 习近平在调研指导兰考县党的群众路线教育实践活动时强调大力学习弘扬焦裕禄精神继续推动教育实践活动取得实效 [N]. 人民日报，2014-03-19.

[64] 习近平在山东考察时强调认真贯彻党的十八届三中全会精神汇聚起全面深化改革的强大正能量 [N]. 人民日报，2013-11-29.

[65] 习近平在指导河北省委常委班子专题民主生活会时强调　坚持用好批评和自我批评的武器　提高领导班子解决自身问题能力 [N]. 人民日报，2013-09-26.

[66] 习近平在全国宣传思想工作会议上强调　胸怀大局把握大势着眼大事　努力把宣传思想工作做得更好 [N]. 人民日报，2013-08-21.

[67] 习近平在中共中央政治局第十三次集体学习时强调　把培育和践行社会主义核心价值观作为凝魂聚气强基固本的基础工程 [N]. 人民日报，2014-02-26.

[68] 习近平在上海考察时强调　当好全国改革开放排头兵　不断提高城

市核心竞争力 [N]. 人民日报，2014-05-25.

[69] 习近平在中共中央政治局第二十次集体学习时强调　坚持运用辩证唯物主义世界观方法论　提高解决我国改革发展基本问题本领 [N]. 人民日报，2015-01-25.

[70] 习近平对全国道德模范表彰活动作出重要批示强调 [N]. 人民日报，2015-10-14.

[71] 习近平. 毫不动摇坚持和加强党的全面领导 [J]. 求是，2021（18）.

[72] 习近平. 在党史学习教育动员大会上的讲话 [J]. 求是，2021（07）.

[73] 习近平. 更好把握和运用党的百年奋斗历史经验 [J]. 求是，2022（13）.

[74] 习近平. 全面从严治党探索出依靠党的自我革命跳出历史周期率的成功路径 [J]. 求是，2023（03）.

[75] 习近平. 携手同行现代化之路：在中国共产党与世界政党高层对话会上的主旨讲话 [N]. 人民日报，2023-03-16.

[76] 习近平. 把中国文明历史研究引向深入　增强历史自觉坚定文化自信 [J]. 求是，2022（14）.

[77] 习近平. 正确认识和把握我国发展重大理论和实践问题 [J]. 求是，2022（10）.

[78] 习近平. 把握新发展阶段，贯彻新发展理念，构建新发展格局 [J]. 求是，2021（09）.

[79] 习近平. 全党必须完整、准确、全面贯彻新发展理念 [J]. 求是，2022（16）.

[80] 习近平. 新发展阶段贯彻新发展理念必然要求构建新发展格局 [J]. 求是，2022（17）.

[81] 习近平. 在庆祝中国共产党成立 100 周年大会上的讲话 [M]. 北京：人民出版社，2021.

[82] 习近平. 在纪念马克思诞辰 200 周年大会上的讲话 [M]. 北京：人民出版社，2018.

[83] 习近平. 坚持把解决好"三农"问题作为全党工作重中之重　举全党全社会之力推动乡村振兴 [J]. 求是，2022（07）.

[84] 习近平. 坚持和发展中国特色社会主义要一以贯之 [J]. 求是，2022（18）.

[85]中办印发《关于在全党大兴调查研究的工作方案》[N].人民日报，2023-03-20.

[86]中共中央宣传部.中国共产党的历史使命与行动价值[N].人民日报，2021-08-27.

[87]中共中央党史和文献研究院编.习近平关于社会主义精神文明建设论述摘编[M].北京：中央文献出版社，2022.

[88]习近平在参加党的二十大广西代表团讨论时强调　心往一处想劲往一处使推动中华民族伟大复兴号巨轮乘风破浪扬帆远航[N].人民日报，2022-10-18.

[89]习近平.在二十届中央政治局第一次集体学习时的讲话[J].求是，2023（02）.

[90]习近平在中共中央政治局第三次集体学习时强调切实加强基础研究　夯实科技自立自强根基[N].人民日报，2023-02-23.

[91]习近平.在中央党校建校90周年庆祝大会暨2023年春季学期开学典礼上的讲话[J].求是，2023（07）.

[92]中共中央关于认真学习宣传贯彻党的二十大精神的决定[N].人民日报，2022-10-31.

[93]国家主席习近平发表二〇二三年新年贺词[N].人民日报，2023-01-01.

[94]习近平在参加江苏代表团审议时强调　牢牢把握高质量发展这个首要任务[N].人民日报，2023-03-06.

[95]习近平.在第十四届全国人民代表大会第一次会议上的讲话[N].人民日报，2023-03-14.

[96]习近平在中共中央政治局第四次集体学习时强调　把学习贯彻新时代中国特色社会主义思想不断引向深入[N].人民日报，2023-04-01.

[97]习近平.论党的宣传思想工作[M].北京：中央文献出版社，2020.

[98]中共中央党史和文献研究院，中央学习贯彻习近平新时代中国特色社会主义思想主题教育领导小组办公室.习近平新时代中国特色社会主义思想专题摘编[M].北京：党建读物出版社，中央文献出版社，2023.

[99]中共中央文献研究室.习近平关于社会主义政治建设论述摘编[M].北

京：中央文献出版社，2017.

[100]学习贯彻习近平新时代中国特色社会主义思想主题教育工作会议在京召开，习近平发表重要讲话强调　扎实抓好主题教育　为奋进新征程凝心聚力[N].人民日报，2023-04-04.

[101]习近平.论党的自我革命[M].北京：党建读物出版社，2023.

## 二、学术著作

[1]陈锡喜.平易近人：习近平的语言力量[M].上海：上海交通大学出版社，2014.

[2]人民日报评论部.习近平用典[M].北京：人民日报出版社，2015.

[3]周新民.核心能力：读懂治国理政这三年[M].北京：中共中央党校出版社，2016.

[4]张琼.中国共产党关于马克思主义中国化时代化大众化经典论述研究：上册、中册、下册[M].北京：线装书局，2013.

[5]王立胜.重新认识毛泽东[M].西安：陕西人民出版社，2008.

[6]首席专家崔耀中，"中国马克思主义大众化研究：历史进程和基本经验"课题组.中国马克思主义大众化研究：历史进程和基本经验[M].北京：中国人民大学出版社，2013.

[7]商志晓.马克思主义大众化研究[M].济南：山东人民出版社，2013.

[8]梅荣政.马克思主义中国化史[M].北京：中国社会科学出版社，2010.

[9]陈运普.邓小平与马克思主义大众化[M].北京：社会科学文献出版社，2011.

[10]樊浩.中国大众意识形态报告[M].北京：中国社会科学出版社，2012.

[11]李斌.基于网络的政治社会化问题研究[M].北京：人民出版社，2019.

[12]中共广东省委宣传部.马克思主义中国化一百年[M].广州：广东人民出版社，2021.

[13]中共广东省委宣传部.马克思主义大众化一百年[M].广州：广东人民出版社，2021.

[14]中共广东省委宣传部.马克思主义时代化一百年[M].广州：广东人

民出版社，2021.

[15]王红梅．延安时期党的理论工作者与马克思主义大众化[M].北京：人民出版社，2023.

[16]罗昌勤．新媒体生态下马克思主义大众化的话语传播研究[M].杭州：浙江大学出版社，2023.

[17]杨镜江．文化学引论[M].北京：北京师范大学出版社，1992.

[18]张岱年．文化与价值[M].北京：新华出版社，2004.

[19]王晓德．美国文化与外交[M].北京：世界知识出版社，2000.

[20]郁建兴，朱旭红．社会主义价值学导论[M].杭州：浙江人民出版社，1997.

[21]张宏毅，等．意识形态与美国对苏联和中国的政策[M].北京：人民出版社，2011.

[22]石云霞．新中国成立以来中国共产党思想理论教育历史研究：上[M].北京：中国社会科学出版社，2007.

[23]陆学艺．当代中国社会结构[M].北京：社会科学文献出版社，2010.

[24]南怀瑾．亦新亦旧的一代[M].上海：复旦大学出版社，1995.

[25]鲁洁，王逢贤．德育新论[M].南京：江苏教育出版社，1994.

[26]黄苇町．苏共亡党十年祭[M].南昌：江西高校出版社，2002.

[27]孙伟平．信息时代的社会历史观[M].南京：江苏人民出版社，2010.

[28]王文宏，高维钫．网络文化研究[M].北京：中国言实出版社，2006.

[29]王永贵，等．经济全球化与我国社会主流意识形态建设研究[M].北京：人民出版社，2010.

[30]费孝通．乡土中国[M].南京：江苏文艺出版社，2007.

[31]张岱年，程宜山．中国文化与文化论争[M].北京：中国人民大学出版社，1990.

[32]张静．马克思主义中国化与中国文化现代化[M].天津：南开大学出版社，2012.

[33]郭建宁．中国文化强国战略[M].北京：高等教育出版社，2012.

[34]俞可平，等．中国模式与"北京共识"：超越华盛顿共识[M].北京：社会科学文献出版社，2006.

[35]梅荣政.用马克思主义引领社会思潮[M].武汉：武汉大学出版社，2008.

[36]冯友兰.中国哲学简史[M].北京：北京大学出版社，2010.

[37]张小平，等.当前中国文化安全问题研究[M].北京：社会科学文献出版社，2012.

[38]黄钊，等.中国道德文化[M].武汉：湖北人民出版社，2000.

[39]江流，赵曜.迈向新世纪的中国社会主义精神文明建设[M].长春：吉林大学出版社，2001.

[40]郑欣，等.批判与倾听：电视节目低俗化研究[M].上海：上海交通大学出版社，2013.

[41]中国广播电视年鉴编辑部.世界各地广播电视反低俗化法规资料选编[M].北京：中国传媒大学出版社，2008.

[42]郭庆光.传播学教程[M].北京：中国人民大学出版社，2011.

[43]房正宏.网络政治参与与意识形态安全[M].北京：中国社会科学出版社，2017.

[44]高桂云.公众网络政治参与的引导与规范研究[M].北京：中国社会科学出版社，2014.

[45]曾凡斌.互联网使用与政治参与[M].北京：中国人民大学出版社，2018.

[46]高峰.美国政治社会化研究[M].北京：首都师范大学出版社，2004.

[47]陈先达.理论自信：做坚定的马克思主义信仰者[M].长春：吉林人民出版社，2016.

[48]刘建军.马克思主义信仰论[M].北京：中国人民大学出版社，1998.

[49]黄丹.马克思政治社会化思想研究[M].上海：复旦大学出版社，2014.

[50]冯天策.当代中国主流信仰的情感变迁及价值研究[M].合肥：安徽大学出版社，2010.

[51]孙正聿.理想信念的理论支撑[M].长春：吉林人民出版社，2014.

[52]崔耀中.旗帜鲜明讲政治：基层如何加强党的政治建设[M].北京：人民出版社，2021.

[53]王浦劬.新时代的政治与治政研究[M].北京：人民出版社，2019.

[54]王惠岩.政治学原理[M].北京：高等教育出版社，1999.

[55]聂平平，武建强.政治学导论[M].武汉：武汉大学出版社，2012.

[56]洪向华.党内政治文化：新时代中国共产党成功的基因[M].北京：人民出版社，2018.

[57]孟祥才.当代视域下的中国传统政治文化研究[M].北京：人民出版社，2020.

[58]唐元松.当代中国政治主导研究：以经济全球化为背景[M].北京：人民出版社，2012.

[59]陈承新.政治意识的话语建构：基于当代中国背景的分析[M].广州：世界图书出版广东有限公司，2014.

[60]陈章龙，周莉.价值观研究[M].南京：南京师范大学出版社，2004.

[61]李淮春.马克思主义哲学全书[M].北京：中国人民大学出版社，1996.

[62]陈先达.马克思与信仰[M].北京：中国人民大学出版社，2018.

[63]顾海良.马克思与世界[M].北京：中国人民大学出版社，2018.

[64]朱孔军.高校意识形态工作研究[M].广州：中山大学出版社，2015.

[65]陈学明.马克思与当代中国[M].北京：中国人民大学出版社，2018.

[66]孙正聿.马克思与我们[M].北京：中国人民大学出版社，2018.

[67]中共中央编译局.马克思恩格斯列宁哲学论述摘编：党员干部读本[M].北京：中央编译出版社，2015.

[68]艾思奇.大众哲学[M].北京：民主与建设出版社，2016.

[69]艾思奇.哲学与生活[M].天津：天津人民出版社，2018.

[70]本书编写组.中国共产党简史[M].北京：人民出版社，中共党史出版社，2021.

[71]中共中央宣传部理论局.改革热点面对面：理论热点面对面[M].北京：学习出版社，人民出版社，2014.

[72]中共中央宣传部理论局.法治热点面对面：理论热点面对面[M].北京：学习出版社，人民出版社，2015.

[73]中共中央宣传部理论局.全面小康热点面对面：理论热点面对面[M].北京：学习出版社，人民出版社，2016.

[74]中共中央宣传部理论局.全面从严治党面对面：理论热点面对面[M].北京：学习出版社，人民出版社，2017.

[75]中共中央宣传部理论局.新时代面对面：理论热点面对面[M].北京：

学习出版社，人民出版社，2018.

[76] 中共中央宣传部理论局.新中国发展面对面：理论热点面对面 [M].北京：学习出版社，人民出版社，2019.

[77] 中共中央宣传部理论局.中国制度面对面：理论热点面对面 [M].北京：学习出版社，人民出版社，2020.

[78] 中共中央宣传部理论局.新征程面对面：理论热点面对面 [M].北京：学习出版社，人民出版社，2021.

[79] 中共中央宣传部理论局.百年大党面对面：理论热点面对面 [M].北京：学习出版社，人民出版社，2022.

[80] 中共中央宣传部.习近平新时代中国特色社会主义思想学习纲要 [M].北京：学习出版社，人民出版社，2023.

[81] 孙正聿.马克思主义基础理论研究：上、下册 [M].北京：北京师范大学出版社，2020.

[82] 崔华前.马克思主义方法论的发展历程与当代创新研究 [M].武汉：武汉大学出版社，2022.

[83] 双传学.马克思主义走进新时代 [M].南京：江苏人民出版社，2022.

[84] 王伟光，邓纯东，等.国家治理体系和治理能力现代化论 [M].桂林：广西师范大学出版社，2021.

[85] 程恩富.马克思主义政治经济学重大理论研究 [M].北京：中国人民大学出版社，2023.

[86] 辛向阳.马克思主义方法论研究 [M].北京：中国社会科学出版社，2021.

[87] 王南湜.马克思主义哲学中国化的历程及其规律研究 [M].北京：北京师范大学出版社，2012.

[88] 陈先达.马克思主义十五讲 [M].北京：人民出版社，2021.

[89] 刘建军.马克思主义基本原理与当代中国思想政治教育专题研究 [M].北京：中国人民大学出版社，2018.

[90] 罗文东，周耀宏，李少奇，等.马克思主义执政党的历史、理论与实践 [M].北京：中国人民大学出版社，2018.

[91] 郭建宁.马克思主义如何中国化 [M].北京：中国人民大学出版社，2020.

[92] 张雷声.马克思主义政治经济学的发展与创新 [M].北京：中国人民大

学出版社，2022.

[93]刘同舫.马克思主义的时代表达[M].北京：中国人民大学出版社，2021.

[94]陈学明，姜国敏.马克思主义哲学与中国道路[M].北京：中国人民大学出版社，2019.

[95]欧阳康.探索马克思主义哲学的当代形态[M].北京：中国人民大学出版社，2022.

[96]赵智奎.马克思主义中国化的基本经验及规律性研究[M].北京：中国社会科学出版社，2015.

[97]中共中央宣传部.中国共产党宣传工作简史：上、下卷[M].北京：人民出版社，2022.

[98]朱继东.新时代党的意识形态思想研究[M].北京：人民出版社，2018.

[99]高德胜.国家意识形态安全建设挑战与应对[M].北京：人民日报出版社，2022.

[100]辛鸣，唐爱军.当代意识形态问题概论[M].北京：中共中央党校出版社，2021.

[101]王易，等.社会主义现代化新征程中的意识形态安全[M].北京：中国人民大学出版社，2022.

[102]伍义林.中国共产党理论传播论[M].北京：人民出版社，2022.

[103]洪银兴.中国式现代化论纲[M].南京：江苏人民出版社，2023.

[104]戴木才.实现人民美好生活之道：中国式现代化道路[M].北京：人民出版社，2022.

[105]颜晓峰，等.创造人类文明新形态[M].北京：社会科学文献出版社，2022.

[106]陈学明，等.走向人类文明新形态[M].天津：天津人民出版社，2022.

[107]吴琼.思想政治教育话语发展研究[M].北京：中国社会科学出版社，2017.

[108]倪邦文.马克思主义在青年中的传播：历史视野与哲学思考[M].北京：中国社会科学出版社，2014.

[109]陈学明，等.西方马克思主义在中国的传播与影响研究[M].北京：中国人民大学出版社，2023.

[110]韩震.社会主义核心价值观的话语构建与传播[M].北京：中国人民大学出版社，2019.

[111]秦宣.理论何以自信[M].北京：中国人民大学出版社，2020.

[112]肖贵清.十八大以来中国特色社会主义理论创新研究[M].北京：中国人民大学出版社，2019.

[113]陶文昭.马克思主义时代化基本问题[M].北京：中国社会科学出版社，2020.

[114]沈壮海.文化何以自信[M].北京：中国人民大学出版社，2020.

[115]靳诺，刘伟.中国之治的制度密码[M].北京：中国人民大学出版社，2020.

[116]顾海良.人间正道是沧桑：世界社会主义五百年[M].北京：中国人民大学出版社，2018.

[117]曲青山.从五个维度认识把握"两个确立"[M].北京：人民出版社，2022.

[118]韩庆祥，陈远章.论马克思主义中国化时代化大众化[M].天津：天津人民出版社，2020.

[119]崔耀中.全面从严治党新要求、新特点、新部署[M].北京：人民出版社，2016.

[120]桑玉成，等.全过程人民民主理论探析[M].上海：上海人民出版社，2021.

[121]张占斌，薛伟江.以人民为中心：中国治理的核心密码[M].北京：人民出版社，2022.

[122]谢伏瞻，高培勇.共同富裕理论探索[M].北京：中国社会科学出版社，2022.

## 三、译著

[1]基辛格.世界秩序[M].胡利平，等，译.北京：中信出版社，2015.

[2]艾利森，等.李光耀论中国与世界[M].蒋宗强，译.北京：中信出版社，2013.

[3] 威尔伯·施拉姆，威廉·波特.传播学概论[M].陈亮，等，译.北京：新华出版社，1984.

[4] 丹尼斯·麦奎尔，斯文·温德尔.大众传播模式论[M].祝建华，武伟，译.上海：上海译文出版社，1987.

[5] 本·巴格迪坎.传播媒介的垄断[M].林珊，等，译.北京：新华出版社，1986.

[6] 罗杰斯.传播学史[M].殷晓蓉，译.上海：上海译文出版社，2002.

[7] 沃尔特·李普曼.公众舆论[M].阎克文，江红，译.上海：上海人民出版社，2002.

[8] 埃里克·麦格雷.传播理论史：一种社会学的视角[M].刘芳，译.北京：中国传媒大学出版社，2009.

[9] 沃纳丁·赛弗林，等.传播学的起源、研究与应用[M].陈韵昭，译.福州：福建人民出版社，1985.

[10] 亚里士多德.政治学[M].吴寿彭，译.北京：商务印书馆，1965.

[11] 加布里埃尔·A.阿尔蒙德，小 G.宾厄姆·鲍威尔.比较政治学：体系、过程和政策[M].曹沛霖，等，译.上海：上海译文出版社，2007.

[12] 曼纽尔·卡斯特.网络社会的崛起[M].夏铸九，王志弘，等，译.北京：社会科学文献出版社，2001.

[13] 塞缪尔·亨廷顿.全球化的文化动力[M].康敬贻，等，译.北京：新华出版社，2004.

[14] 赫尔穆特·施密特.全球化与道德重建[M].柴方国，译.北京：社会科学文献出版社，2001.

[15] 塞缪尔·亨廷顿.文明的冲突与世界秩序的重建[M].周琪，等，译.北京：新华出版社，1998.

[16] 丹尼尔·贝尔.资本主义文化矛盾[M].赵一凡，等，译.北京：生活·读书·新知三联书店，1989.

[17] 丹尼尔·贝尔.意识形态的终结：五十年代政治观念衰微之考察[M].张国清，译.南京：江苏人民出版社，2001.

[18] 涂尔干.职业伦理与公民道德[M].渠东，付德根，译.上海：上海人民出版社，2001.

[19]兹比格涅夫·布热津斯基.大失控与大混乱[M].潘嘉玢,等,译.北京:中国社会科学出版社,1994.

[20]纳扎罗娃.青年共产主义信仰的形成[M].刘成彬,等,译.合肥:安徽教育出版社,1986.

[21]卡尔·雅斯贝尔斯.什么是教育[M].童可依,译.北京:生活·读书·新知三联书店,2021.

[22]约瑟夫·奈.美国霸权的困惑:为什么美国不能独断专行[M].郑志国,等,译.北京:世界知识出版社,2002.

[23]诺姆·乔姆斯基.新自由主义和全球秩序[M].徐海铭,季海宏,译.南京:江苏人民出版社,2000.

[24]兹比格纽·布热津斯基.大棋局:美国的首要地位及其地缘战略[M].中国国际问题研究所,译.上海:上海人民出版社,1998.

[25]彼得·李伯庚.欧洲文化史:上册、下册[M].赵复三,译.上海:上海社会科学院出版社,2004.

[26]托克维尔.论美国的民主[M].董果良,译.北京:商务印书馆,1991.

[27]塞缪尔·亨廷顿.变化社会中的政治秩序[M].王冠华,刘为,等,译.上海:上海人民出版社,2008.

[28]约翰·杜威.民主主义与教育[M].王承绪,译.北京:人民教育出版社,2001.

[29]伊曼纽尔·沃勒斯坦,等.资本主义还有未来吗?[M].徐曦白,译.北京:社会科学文献出版社,2014.

[30]尼古拉·伊万诺维奇·雷日科夫.大国悲剧:苏联解体的前因后果[M].徐昌翰,等,译.北京:新华出版社,2010.

[31]斯蒂格利茨.不平等的代价[M].张子源,译.北京:机械工业出版社,2013.

[32]斯蒂格利茨.社会主义向何处去:经济体制转型的理论与证据[M].周立群,韩亮,于文波,译.长春:吉林人民出版社,2011.

[33]维尔纳·桑巴特.为什么美国没有社会主义:典藏版[M].赖海榕,译.北京:社会科学文献出版社,2014.

[34]威廉·恩道尔.目标中国:华盛顿的"屠龙"战略[M].戴健,等,

译 . 北京：中国民主法制出版社，2013.

[35] 约瑟夫·斯蒂格利茨 . 美国真相：民众、政府和市场势力的失衡与再平衡 [M]. 刘斌，刘一鸣，刘嘉牧，译 . 北京：机械工业出版社，2020.

## 四、报刊论文

[1] 熊玠 . 习近平时代 [N]. 学习时报，2016-03-28.

[2] 尤里·塔夫罗夫斯基 . 有极高才智有坚定信念的人：《习近平：正圆中国梦》导言 [N]. 学习时报，2016-01-18.

[3] 钟瑞添，张艺兵 . 论中国传统文化与当代马克思主义大众化 [J]. 科学社会主义，2012（05）.

[4] 韩震 . 语言的力量来自对时代的理解和把握 [N]. 光明日报，2015-02-06.

[5] 吴潜涛 . 推进马克思主义中国化、时代化、大众化的伟大贡献 [N]. 光明日报，2015-02-06.

[6] 秦宣 . 创建让百姓听得懂的话语体系 [N]. 光明日报，2015-02-06.

[7] 何毅亭 . 追本溯源　融会贯通：系统学习研究宣传习近平总书记十八大前后重要讲话和著述 [N]. 学习时报，2015-01-26.

[8] 贾高建 . 切实加强马克思主义理论学习研究宣传：深入学习贯彻习近平同志关于马克思主义理论建设的重要论述 [N]. 人民日报，2014-07-17.

[9] 王伟光 . 牢牢掌握意识形态工作领导权管理权话语权：深入学习贯彻习近平同志在全国宣传思想工作会议上的重要讲话精神 [N]. 人民日报，2013-10-08.

[10] 李从军 . 牢牢掌握舆论工作主动权 [N]. 人民日报，2013-09-04.

[11] 邢贲思 . 书写新时期的大众哲学 [N]. 人民日报，2014-11-07.

[12] 佘绍敏 . 网络时代的媒介素养教育 [N]. 光明日报，2013-04-22.

[13] 梁衡 . 如何区分低俗、通俗和高雅 [N]. 人民日报，2010-08-19.

[14] 网络低俗之风不可长 [N]. 人民日报，2009-01-06.

[15] 刘云山 . 着力培育和践行社会主义核心价值观 [J]. 求是，2014（02）.

[16] 石仲泉 . "中国梦"思想：从毛泽东到习近平 [J]. 毛泽东邓小平理论

研究，2013（10）．

[17] 商志晓．党建"十论"及其内在逻辑与鲜明风格：学习习近平总书记关于党的建设的新论述 [J]．学习论坛，2015（01）．

[18] 汪青松，成利平．邓小平改革胆略与习近平改革思维 [J]．理论探讨，2014（06）．

[19] 杨瑞森．弘扬中华优秀传统文化四题：学习习近平同志关于弘扬中华优秀传统文化重要论述的几点体会 [J]．思想理论教育导刊，2014（12）．

[20] 田心铭．论坚持和发展中国特色社会主义：学习习近平同志系列重要讲话精神 [J]．政治学研究，2014（06）．

[21] 陶文昭．论习近平的务实思想作风 [J]．中国特色社会主义研究，2014（06）．

[22] 石云霞．论习近平的中国国家观 [J]．中国特色社会主义研究，2014（05）．

[23] 曲青山．论中国梦的理论创新意义：学习习近平总书记关于中国梦的重要论述 [J]．中共党史研究，2014（07）．

[24] 田心铭．略论意识形态工作的几个问题：学习习近平总书记在全国宣传思想工作会议上的讲话精神 [J]．马克思主义研究，2013（11）．

[25] 杨业华，符俊．十八大以来习近平的青少年思想道德教育思想探析 [J]．中南民族大学学报（人文社会科学版），2015（02）．

[26] 严书翰．我国意识形态工作的纲领性文献：深入学习和全面把握习近平总书记"8.19重要讲话"的要点 [J]．中共中央党校学报，2013（05）．

[27] 郭广银．习近平关于人民主体地位的思想 [J]．中共中央党校学报，2014（05）．

[28] 辛向阳．习近平重要讲话鲜明的政治品格 [J]．内蒙古社会科学（汉文版），2014（04）．

[29] 王伟光．学好用好马克思主义哲学，努力掌握看家本领：学习习近平同志系列重要讲话精神的体会 [J]．哲学研究，2014（06）．

[30] 梅荣政．学习习近平总书记系列重要讲话精神的几点认识 [J]．思想理论教育，2014（09）．

[31] 秦宣．制度自觉、制度自信和制度创新：学习习近平总书记关于完善和发展中国特色社会主义制度的重要论述 [J]．中国特色社会主义研究，

2014（03）.

　　[32]李向国.习近平意识形态观述论[J].理论导刊，2016（05）.

　　[33]辛向阳.从习近平的"三问"看中国特色社会主义的发展[J].中国特色社会主义研究，2016（01）.

　　[34]王伟光.马克思主义中国化的当代理论成果：学习习近平总书记系列重要讲话精神[J].中国社会科学，2015（10）.

　　[35]方克立."马魂、中体、西用"是习近平文化思想的宗纲[J].思想理论教育导刊，2015（05）.

　　[36]杨瑞森.习近平语言力量的深刻意蕴[J].党的文献，2015（03）.

　　[37]刘建军.习近平理想信念论述的历史梳理与理论阐释[J].河海大学学报（哲学社会科学版），2015（03）.

　　[38]姜迎春.论习近平意识形态建设理论的整体性[J].江海学刊，2015（04）.

　　[39]肖贵清.中华优秀传统文化与社会主义核心价值观的内在联系：学习习近平系列重要讲话精神[J].南京师大学报（社会科学版），2015（06）.

　　[40]刘国光，杨承训.关于新自由主义思潮与金融危机的对话[J].红旗文稿，2009（04）.

　　[41]刘国光.略评民主社会主义[J].中共天津市委党校学报，2007（03）.

　　[42]费孝通.关于"文化自觉"的一些自白[J].学术研究，2003（07）.

　　[43]费孝通.反思·对话·文化自觉[J].北京大学学报（哲学社会科学版），1997（03）.

　　[44]林焕平.文化多元化的可忧虑现象[J].红旗文稿，1996（02）.

　　[45]陈奎元.信仰马克思主义，做坚定的马克思主义者[J].马克思主义研究，2011（04）.

　　[46]李崇富.自觉划清马克思主义同反马克思主义的界限[J].高校理论战线，2010（02）.

　　[47]刘国光.经济学教学和研究中的一些问题[J].经济研究，2005（10）.

　　[48]李建平.新自由主义市场拜物教批判：马克思《资本论》的当代启示[J].当代经济研究，2012（09）.

　　[49]鲁洁.道德教育的期待：人之自我超越[J].高等教育研究，2008（09）.

[50]姜辉.不断谱写马克思主义中国化时代化新篇章（全面深入学习宣传贯彻党的二十大精神）[N].人民日报，2022-10-26.

[51]冯鹏志.不断深化对马克思主义中国化时代化的认识（深入学习贯彻习近平新时代中国特色社会主义思想）[N].人民日报，2022-11-08.

[52]黄坤明.把握好习近平新时代中国特色社会主义思想的世界观和方法论（认真学习宣传贯彻党的二十大精神）[N].人民日报，2022-11-16.

[53]王晓晖.坚持不懈用习近平新时代中国特色社会主义思想凝心铸魂（认真学习宣传贯彻党的二十大精神）[N].人民日报，2022-12-08.

[54]靳诺.坚持"两个结合"，不断开辟马克思主义发展新境界（认真学习宣传贯彻党的二十大精神）[N].人民日报，2023-03-21.

[55]本报评论员.开辟马克思主义中国化时代化新境界：论学习贯彻党的二十大精神[N].人民日报，2022-10-29.

[56]中共中央党史和文献研究院院务会理论学习中心组.开辟马克思主义中国化时代化新境界[J].求是，2022（22）.

[57]曲青山.开辟马克思主义中国化时代化新境界（认真学习宣传贯彻党的二十大精神）[N].人民日报，2022-11-28.

[58]谢伏瞻.深刻把握全面建设社会主义现代化国家面临的形势[J].求是，2022（22）.

[59]颜晓峰.深入理解和把握中国式现代化的本质要求（深入学习贯彻习近平新时代中国特色社会主义思想）[N].人民日报，2022-11-22.

[60]詹成付.必须时刻保持解决大党独有难题的清醒和坚定[J].红旗文稿，2023（01）.

[61]左中一.把握好"六个必须坚持"铸就社会主义文化新辉煌[J].求是，2023（02）.

[62]习近平经济思想研究中心.从物质文明和精神文明相协调看中国式现代化[J].红旗文稿，2023（01）.

[63]曲莹璞.坚定文化自信　增强中华文明传播力影响力[J].求是，2023（02）.

[64]胡和平.繁荣发展文化事业和文化产业（认真学习宣传贯彻党的二十大精神）[N].人民日报，2022-12-28.

[65] 李书磊. 增强实现中华民族伟大复兴的精神力量（认真学习宣传贯彻党的二十大精神）[N]. 人民日报，2022-11-10.

[66] 沈壮海. 推进文化自信自强（人民要论）[N]. 人民日报，2022-12-02.

[67] 沈壮海. 增强实现中华民族伟大复兴的精神力量 [J]. 求是，2023（03）.

[68] 程同顺. 全过程人民民主是社会主义民主政治的本质属性 [J]. 求是，2023（05）.

[69] 包心鉴. 在现代化新征程上发展全过程人民民主（认真学习宣传贯彻党的二十大精神）[N]. 人民日报，2023-03-16.

[70] 李林. 全过程人民民主保障人民当家作主（人民要论）[N]. 人民日报，2022-12-01.

[71] 本报评论部. 全过程人民民主是最广泛最真实最管用的民主（人民观点）——不断夺取全面建设社会主义现代化国家新胜利 [N]. 人民日报，2022-12-02.

[72] 王晨. 全过程人民民主是社会主义民主政治的本质属性（认真学习宣传贯彻党的二十大精神）[N]. 人民日报，2022-11-03.

[73] 黄梓根，李亚芹. 理路与实践：马克思主义大众化传播的高校担当 [J]. 湖南大学学报（社会科学版），2022（06）.

[74] 张品良，付昱. 红色歌谣中的马克思主义大众化话语 [J]. 马克思主义与现实，2022（01）.

[75] 陈晓静. 理论普及的三个路径：简论马克思主义大众化的成功经验 [J]. 毛泽东邓小平理论研究，2021（09）.

[76] 冯刚. 传播与超越：中国共产党推动马克思主义大众化的百年历程和基本经验 [J]. 四川大学学报（哲学社会科学版），2021（04）.

[77] 任丑. 中国共产党马克思主义大众化百年历程的科学文化路径 [J]. 西南大学学报（社会科学版），2021（04）.

[78] 郭明飞，杨俊哲. 马克思主义大众化的影音式推进价值及推进困境消解 [J]. 思想教育研究，2021（06）.

[79] 欧庭宇. 马克思主义大众化何以推进：基于网络环境下话语传播的现实考察 [J]. 湖湘论坛，2021（02）.

[80] 何毅亭. 谈谈推进马克思主义大众化 [J]. 红旗文稿，2021（04）.

[81] 刘志明.延安时期我们党是如何推进马克思主义大众化的 [J].红旗文稿，2020（19）.

[82] 金燕，祝黄河.新中国初期马克思主义大众化的历史进程及当代启示 [J].马克思主义理论学科研究，2020（03）.

[83] 王伟光.马克思主义大众化的时代价值与现实意义 [J].红旗文稿，2020（07）.

[84] 胡继冬.论新时代马克思主义大众化的方法创新：以新国产动漫《领风者》为例 [J].思想理论教育导刊，2020（02）.

[85] 李祥兴.新中国成立初期马克思主义哲学宣传普及的历史考察：基于马克思主义大众化的视角 [J].马克思主义与现实，2019（05）.

[86] 王辛刚.《工人之路》与马克思主义大众化 [J].马克思主义与现实，2019（05）.

[87] 高奇，陈明琨.大数据技术条件下的马克思主义大众化 [J].马克思主义研究，2019（07）.

[88] 刘滢.以精准传播理念推进马克思主义大众化 [J].人民论坛，2019（13）.

[89] 路媛.新时代马克思主义大众化：目标、动力与路径：学习习近平关于马克思主义大众化的重要论述 [J].社会主义研究，2019（02）.

[90] 杨柠聪，白平浩.马克思主义大众化典范：《反杜林论》[J].当代世界社会主义问题，2019（01）.

[91] 董馨.巧借自媒体，增强马克思主义大众化实效性 [J].人民论坛，2019（08）.

[92] 钟君.创新马克思主义大众化宣传 [J].红旗文稿，2018（23）.

[93] 卢刚，王永磊.推进马克思主义大众化 [J].红旗文稿，2018（19）.

[94] 刘明明.论马克思主义大众化的群体差异性 [J].思想理论教育导刊，2018（08）.

[95] 李祥兴.抗战时期陕甘宁边区红色报刊发刊词研究：基于马克思主义大众化的视角 [J].马克思主义与现实，2018（04）.

[96] 王员，罗奇清.《红色中华》与马克思主义大众化研究论纲 [J].江西师范大学学报（哲学社会科学版），2018（04）.

[97]崔铭,张学军."互联网+"助力马克思主义大众化传播[J].人民论坛,2018(08).

[98]周昌辉.马克思主义大众化传播的困境及破解[J].人民论坛,2018(06).

[99]龙红飞.从民生视角推进马克思主义大众化[J].人民论坛,2018(06).

[100]童贤东.马克思主义大众化重在"以人民为中心"[J].人民论坛,2018(01).

[101]樊红敏.马克思主义大众化必须依靠人民[J].人民论坛,2017(28).

[102]张景聪.马克思主义大众化如何向自媒体"借力"传播[J].人民论坛,2017(21).

[103]沈永福.文化视角下马克思主义中国化时代化的新境界[J].思想教育研究,2023(03).

[104]闫志民.马克思主义与中国:对马克思主义、中国化时代化马克思主义、习近平新时代中国特色社会主义思想为什么行的理论思考[J].当代世界与社会主义,2023(01).

[105]胡长栓.中国式现代化展现人类文明新形态[J].红旗文稿,2023(01).

# 后 记

　　本书为广西哲学社会科学规划研究课题"习近平关于马克思主义大众化思想及其新贡献研究"（18MJ04）的阶段性成果。全书共八章，由该课题主持人广西师范大学马克思主义学院副教授彭俊桦和课题组核心成员广西师范大学马克思主义学院博士研究生庞乃燕共同撰写完成。全书的撰写分工具体如下：绪论、第一章、第五章、第六章、第七章由彭俊桦撰写，共计 13.6 万字；第二章、第三章、第四章由庞乃燕撰写，共计 6 万字。在成书的过程中，彭俊桦和庞乃燕共同承担书稿的修改工作，彭俊桦负责本书的统稿工作。

　　由于水平和时间所限，书中难免有不足之处，希望广大读者给予批评指正。